VINS DE FRANCE
ET DU MONDE

Beaujolais
Juliénas, Saint-Amour…

LA REVUE DU vin DE FRANCE — LE FIGARO MAGAZINE

1 **P**laisir

2 **D**écouvrir

3 **C**hoisir

4 **A**cheter

5 **S**ervir

6 **G**arder

Sommaire

Les mots et le vin	6
L'œil	8
Le nez	10
La bouche	12
Le vignoble	16
L'appellation	18
Les sols	20
Les cépages	22
La vinification	24
L'histoire	26
Le classement	28
6 domaines valeurs sûres	32
6 domaines pour grandes occasions	39
6 domaines atypiques	45
3 domaines mythiques	51
Les bons cavistes de la région	56
Acheter des vins à la propriété	58
La cote des vins	60
Comment servir et bien déguster ses vins	64
Accords parfaits :	
Avocat et tomates cerises au cumin	66
Marinade à cru pour un cochon de lait	68
Terrine de faisan	70
Brochettes de poulet mariné au paprika	72
Constituer votre cave	76
Notre sélection :	
à boire dans l'année	78
à boire dans les 2 ans	80
à boire dans les 5 ans	82
Fiches de dégustation	84
Glossaire	91
Index	94
Adresses	95
Crédits	96

P

1
laisir

Les mots et le vin	6
L'**œil**	8
Le **nez**	10
La **bouche**	12

▶ **P**laisir

Les mots et le vin

"[…] les gens de cette contrée n'ont pas le vin mauvais, parce que le beaujolais, c'est un sacré bon vin qui ne fait jamais mal. Plus on en boit, plus on trouve sa femme gentille, ses amis fidèles, l'avenir encourageant et l'humanité supportable."

Gabriel Chevallier

Entre un maire et un curé éclate une querelle burlesque autour d'une vespasienne. L'histoire est truculente. Le village imaginaire, situé au cœur du Beaujolais, va donner son nom à la célèbre expression : Clochemerle. C'est également le titre du plus célèbre roman (1934) de l'écrivain lyonnais Gabriel Chevallier (1895-1969), dans lequel il décrit avec drôlerie la vie des villageois, dont le caractère pourrait se confondre avec le vin d'ici.

Ci-contre : vignoble dans les environs de Jarnioux.

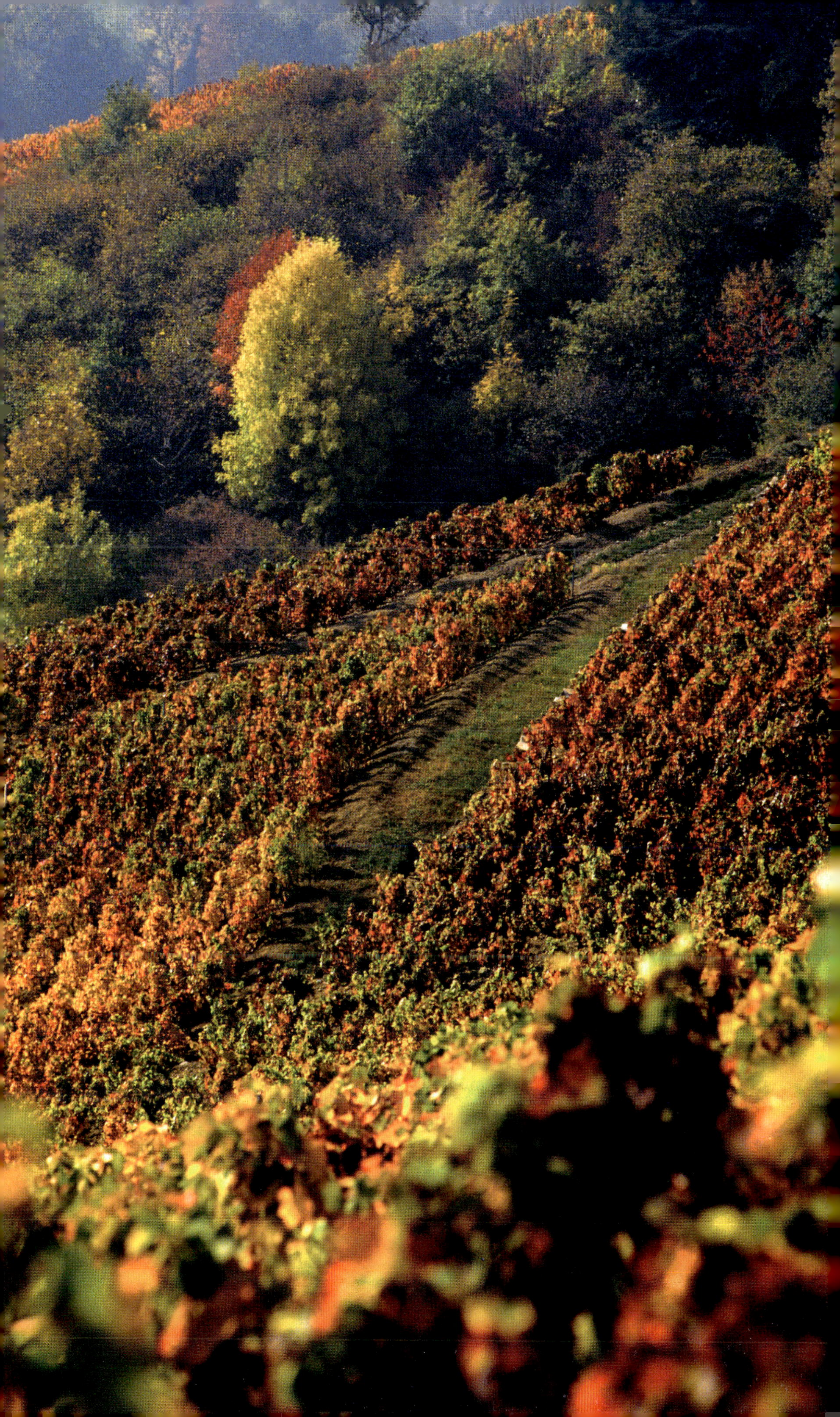

▶ **P**laisir

L'œil

Grâce au gamay, qui se plaît si bien sur ses terres, le beaujolais se livre à l'œil en robe légère, couleur cerise, avec parfois des reflets pourpres et violets, voire carmin intenses. De leur côté, les vins blancs délivrent une robe jaune pâle aux reflets dorés.

Le beaujolais est l'ami des gourmands qui aiment les vins au plaisir immédiat. Il y a un demi-siècle, sa couleur rouge vive, légère, l'aurait rangé immanquablement au rayon des vins de soif. Il a changé de statut sans pour autant être devenu un vin d'esthète. Le beaujolais réserve cet attribut à ses meilleurs crus, dont la robe nous renvoie à celle des vins charnus de Bourgogne. Si l'on passe en revue la coloration de ces crus, les différences sont apparentes, mais subtiles.

Le beaujolais nouveau possède une robe brillante et franche qui tire plutôt sur le vermeil éclatant aux reflets violets, tout en évoquant la couleur de la pivoine. Les beaujolais-villages, s'ils conservent cette robe brillante, mettent en avant des reflets cerise ou grenat, que l'on retrouve également dans le chiroubles et le vin de Régnié.

De son côté, le Brouilly présente une couleur intense, rubis profond, comme certains vins de Saint-Amour. Alors que la robe du chénas tire sur le grenat avec un bel aspect de velours soyeux. On dit d'ailleurs du chénas qu'il est « une gerbe de fleurs déposées dans une corbeille de velours ».

Enfin, les crus les plus structurés que sont Juliénas, Fleurie, Morgon et Moulin-à-Vent présentent des couleurs intenses. Leurs robes oscillent entre le grenat sombre et le rubis profond.

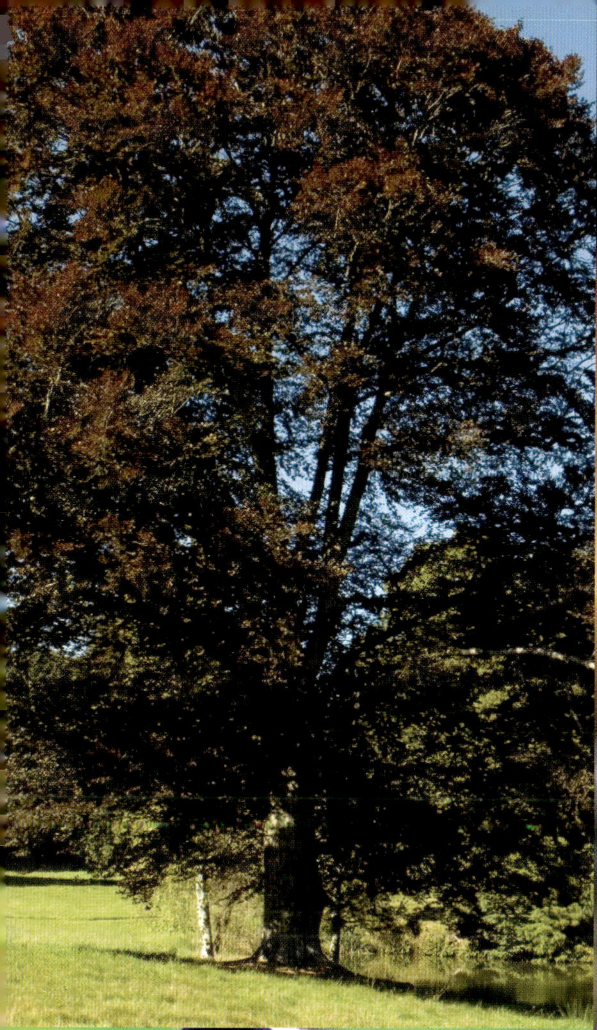
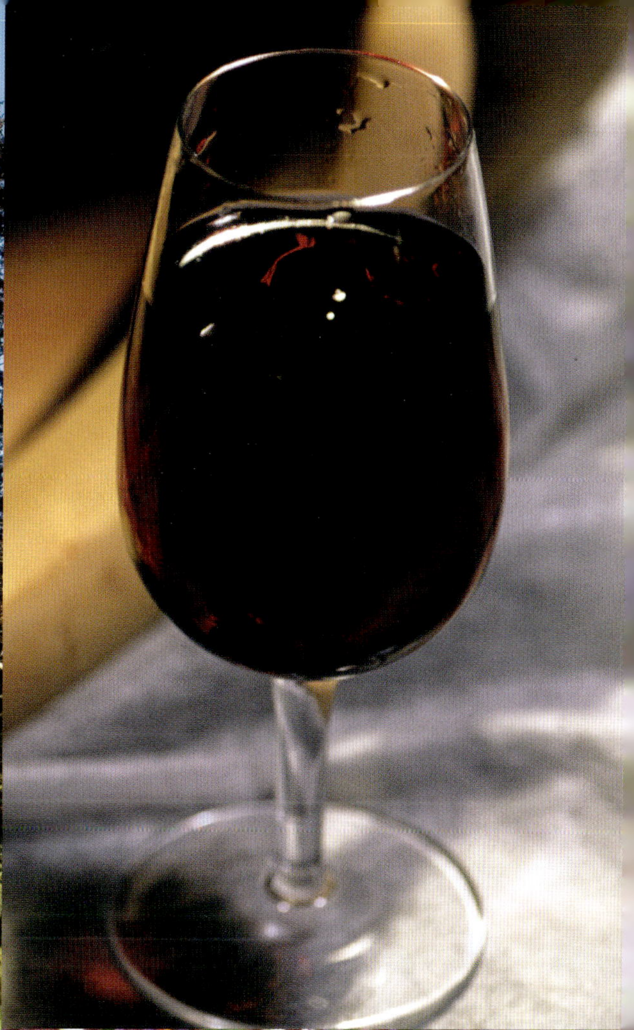
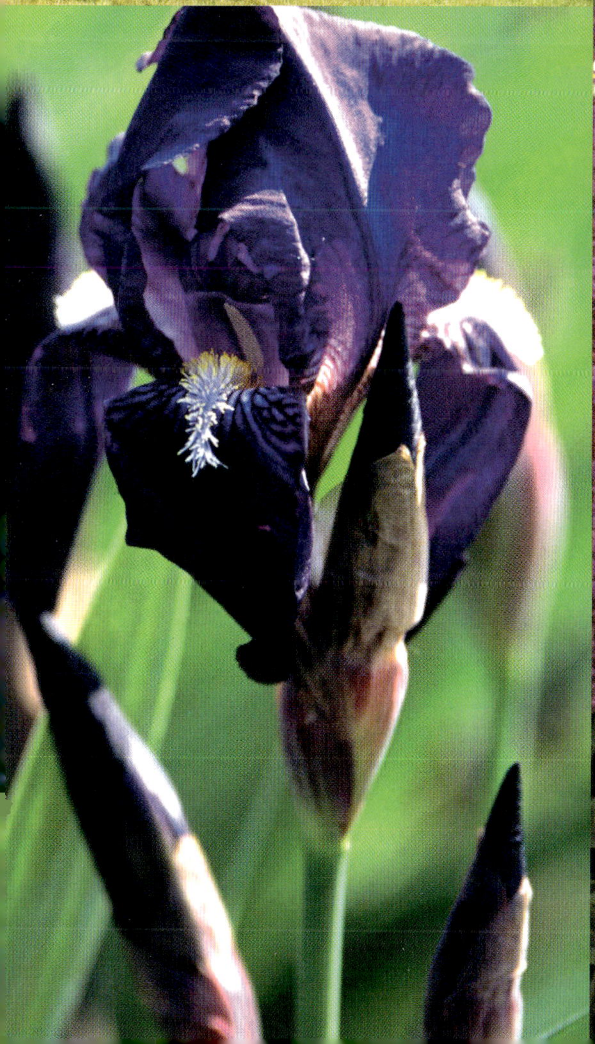
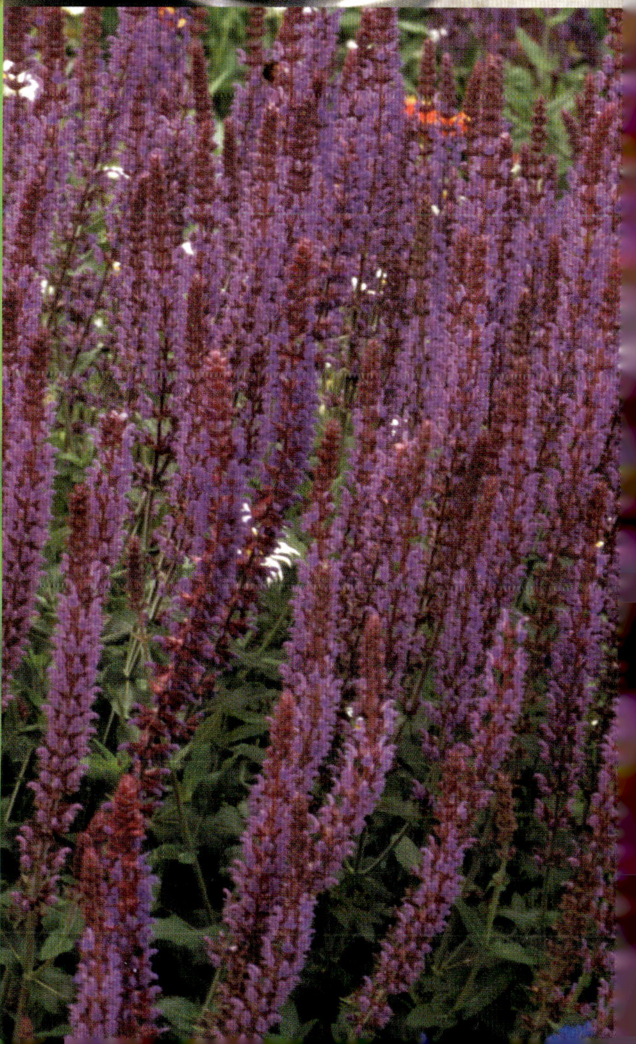

▶ **P**laisir

Le nez

La gourmandise des simples beaujolais passe par une expression aromatique intense, mêlée de framboise, de fraise ou de groseille, alors que les crus tels que Fleurie, Juliénas ou Morgon présentent des notes olfactives plus complexes.

La richesse aromatique des beaujolais constitue leur caractéristique première. Grâce au cépage gamay, ils révèlent une gourmandise incroyable. En fermant les yeux, on croirait sentir un panier de fruits tout juste cueillis : fraises, framboises, groseilles et même de la banane certaines années dans les beaujolais nouveaux. Il faut dire que cette appellation en a fait une large publicité. Chaque année, à sa sortie, le troisième jeudi du mois de novembre, à peine quelques semaines après les vendanges, les amateurs de rituels conviviaux se bousculent dans les bistrots pour découvrir quel sera le parfum du beaujolais de cette année. Un rituel qui a conquis le monde au début des années quatre-vingt et qui, depuis, ne se dément guère, au point de laisser dans l'ombre les autres crus de la région, infiniment plus intéressants et tout aussi gourmands. Chénas et chiroubles, par exemple, évoquent plutôt des arômes floraux, comme la pivoine ou la rose, accompagnés d'un soupçon d'épices au vieillissement. Alors que les vins de Côte de Brouilly font appel à des notes plus minérales. Mais les nez les plus complexes reviennent à des appellations comme Fleurie, dont les vins expriment aussi bien les fruits – groseille ou framboise, ou encore la pêche de vigne – que les fleurs, comme l'iris et la violette. Le juliénas évolue sur le même registre et évoque parfois la cannelle. Le morgon, puissant et charpenté, délivre des arômes de cerise, de prune, de kirsch, voire de fruits cuits les années particulièrement chaudes. Enfin, les vins de Moulin-à-Vent, les plus corsés des beaujolais, exhalent même des notes de jasmin.
En définitive, il n'existe pas un vin du Beaujolais, mais une grande variété de vins, dont les plus prestigieux se situent à des années-lumière du beaujolais nouveau.

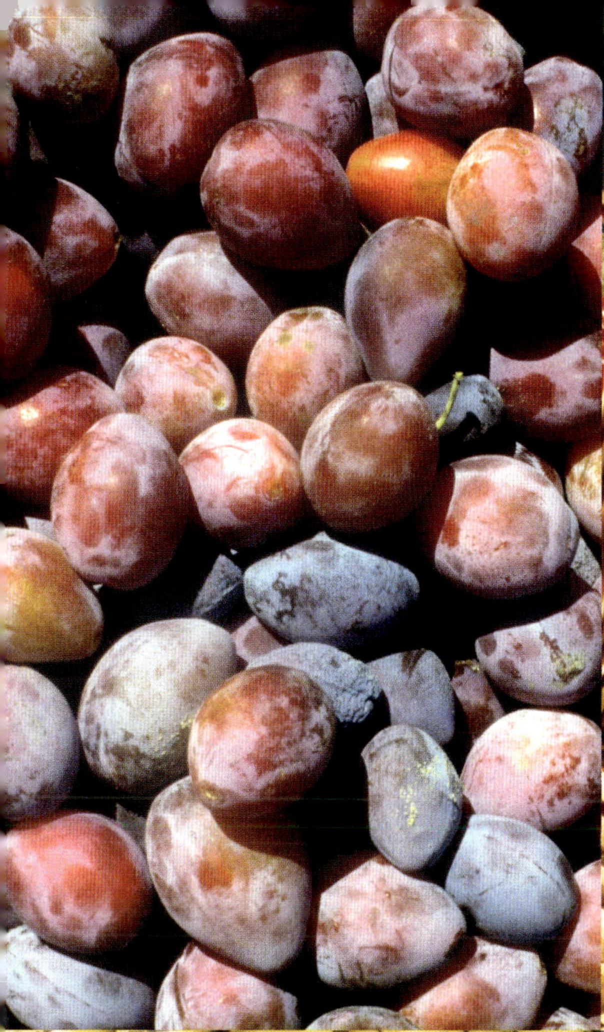
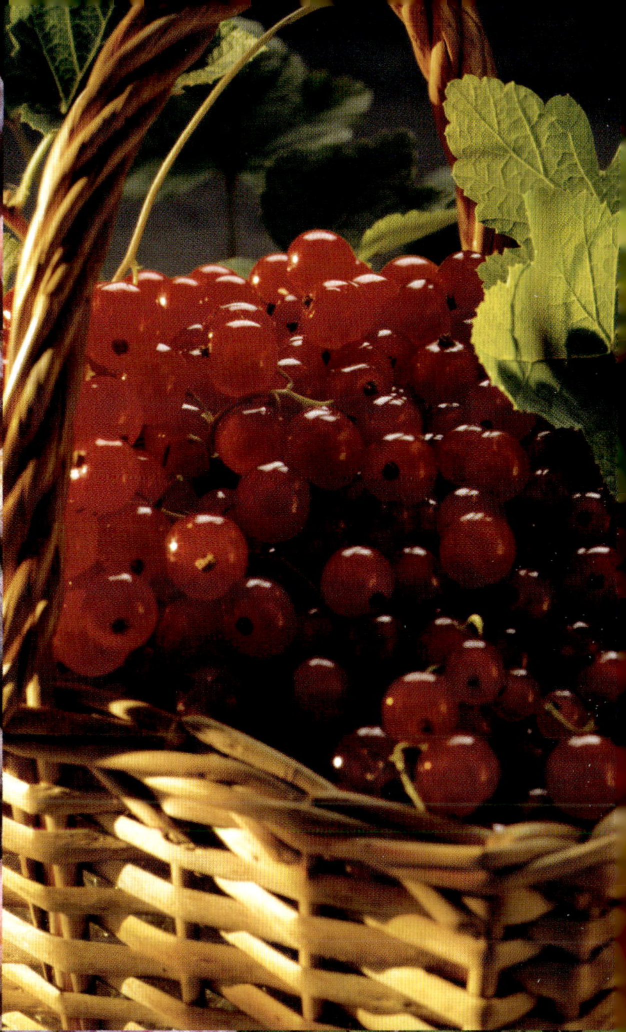
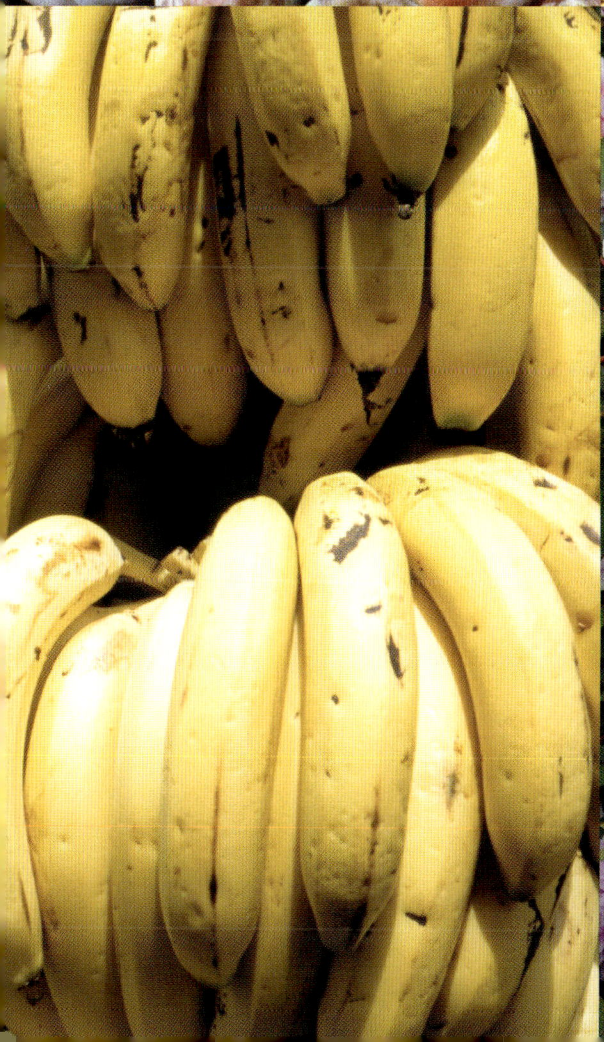
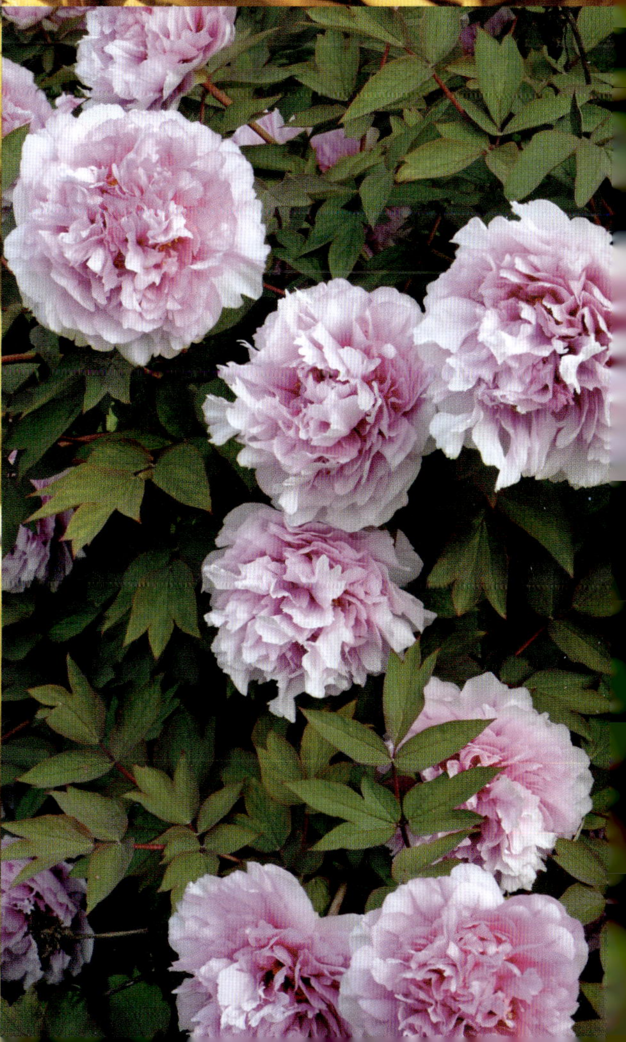

▶ Plaisir

La bouche

Fruités, gourmands, puissants, épicés, les vins du Beaujolais se révèlent en bouche beaucoup plus complexes qu'en apparence. Et avec une grande variété selon leur origine et leur typologie.

Une robe légère et un parfum voluptueux, il n'en faut pas plus pour laisser penser que le beaujolais est un vin facile qui s'offre au premier venu. Certes, le vin primeur s'accommode parfaitement de cette ambiguïté. En bouche, il est friand, fruité et souple, avec des tanins tout en tendresse. Mais les autres crus ne s'en laissent pas conter de la sorte. Car un beaujolais-villages sera à coup sûr plus structuré, avec des tanins discrets (parfois plus affirmés dans certaines zones de production, comme le village de Lantignié), mais il conservera ce côté pulpeux en bouche. Tout comme le brouilly, le saint-amour et le régnié.
En Côte de Brouilly, le vin se montre déjà plus nerveux, tendu, tout comme le juliénas, qui apporte, en plus de la nervosité, une charpente de bon aloi qui n'est toutefois pas du niveau des morgons et des moulin-à-vent. Ces derniers sont les plus charnus, les plus puissants et riches du Beaujolais. Leur complexité aromatique est remarquable. Avec le temps, le morgon retranscrit en bouche la nature du sol sur lequel il est planté. On dit alors que le vin « morgonne ». Le moulin-à-vent se caractérise quant à lui par une très grande longueur en bouche, mêlée de notes épicées.
Les chiroubles, situés en altitude, jouent sur la fraîcheur et l'équilibre, tandis que pour leur part, les vins de Fleurie apparaissent comme les plus féminins de tous, possédant beaucoup d'élégance et de finesse.
Après quelques années de garde, les crus les plus structurés laissent poindre de savoureuses notes épicées, voire des expressions aromatiques rappelant certains bourgognes. Autant de facettes des beaujolais qu'une robe légère cache parfois très bien.

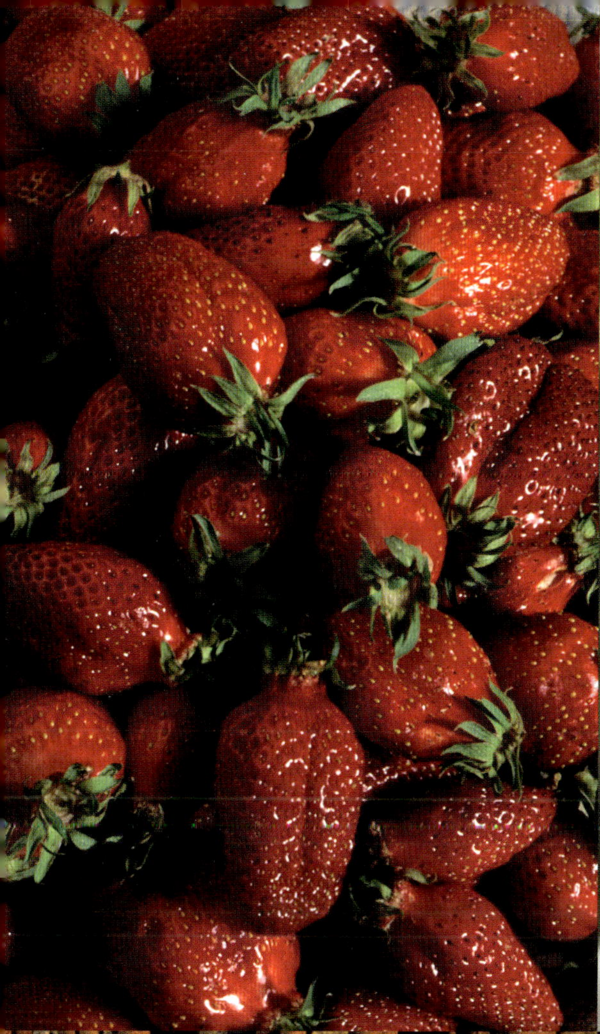
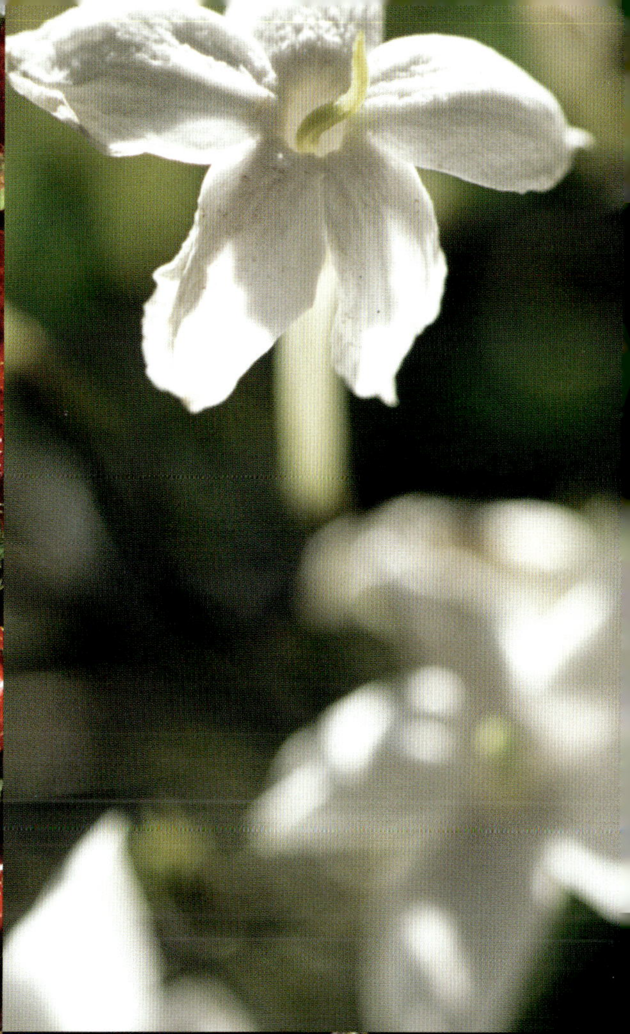
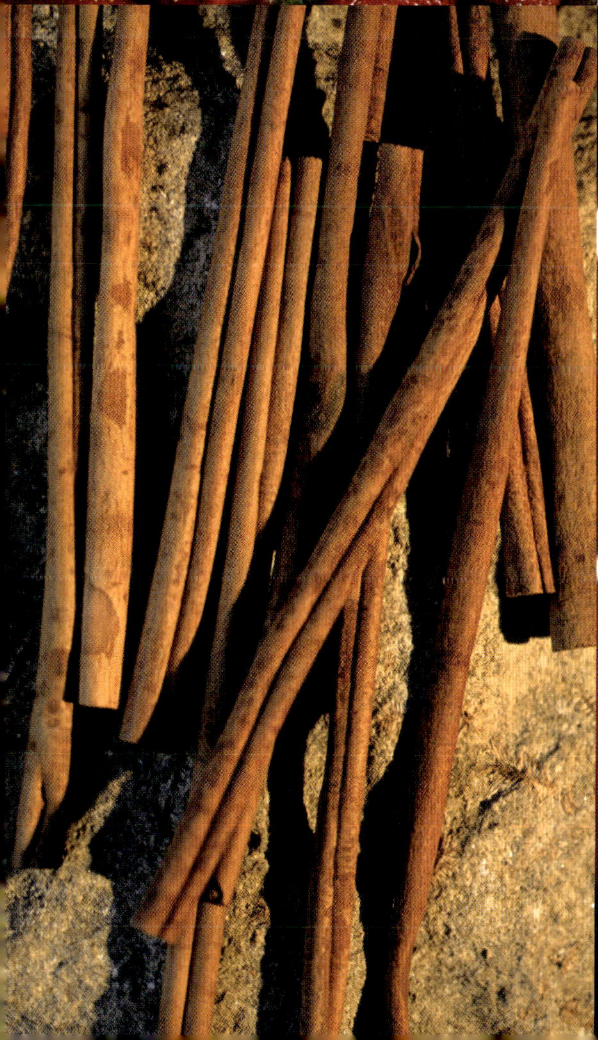
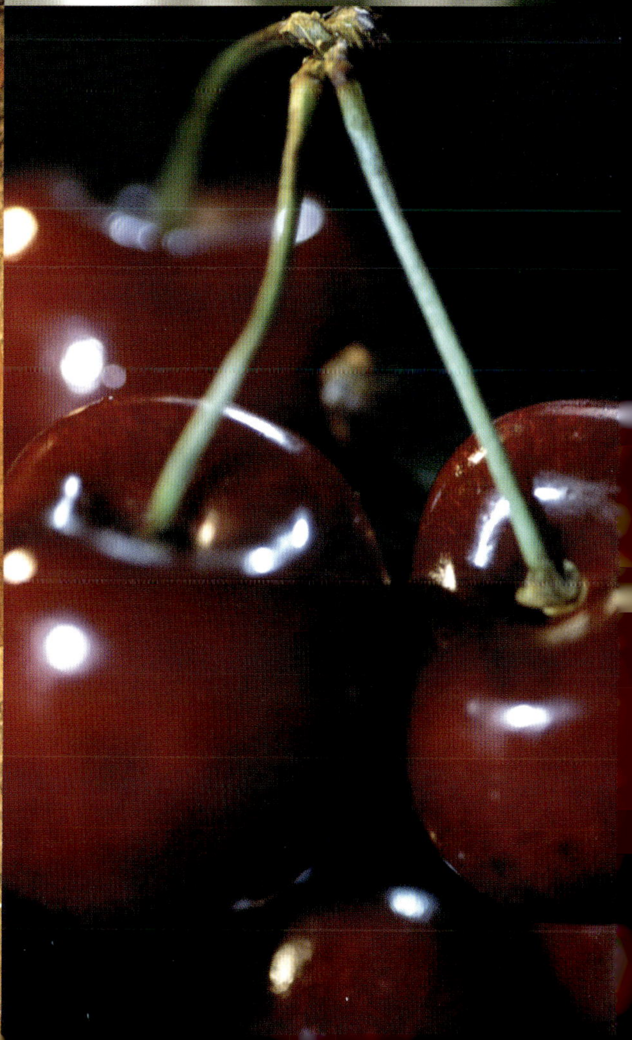

D

2
écouvrir

Le **vignoble**	16
L'**appellation**	18
Les **sols**	20
Les **cépages**	22
La **vinification**	24
L'**histoire**	26
Le **classement**	28

▶ Découvrir

Beaujolais
Le vignoble

De beaux crus dans l'ombre des beaujolais nouveaux

Depuis 1951, l'encombrante popularité du beaujolais nouveau masque la bonne qualité des autres crus de la région.
Pourtant, les appellations Moulin-à-Vent, Morgon et autre Fleurie méritent largement qu'on les déguste avec attention.

Chénas, au cœur du vignoble du Beaujolais.

Le vignoble du Beaujolais serait-il victime de son succès planétaire ? A en croire la crise que traverse actuellement ce vignoble qui s'est largement appuyé sur la popularité du beaujolais nouveau pour écouler ses vins, la situation semble effectivement compromise. Comme si la médiatisation du vin primeur (qui représente environ la moitié de la production totale de la région) avait porté ombrage à la remarquable qualité des autres appellations, dont Fleurie, Morgon et Moulin-à-Vent font partie des fleurons. De véritables vins de plaisir, qui ont une âme, élaborés à partir d'une vinification traditionnelle, loin de certains beaujolais nouveaux caricaturaux.
La région viticole, septième vignoble de France avec 20 500 hectares, offre ainsi deux visages antagonistes. L'un médiatique et peu qualitatif, et l'autre discret, avec ses crus et ses climats, assumant pleinement une filiation bourguignonne, bien que situé majoritairement dans le département du Rhône. Les crus de Beaujolais ont d'ailleurs longtemps été consommés uniquement par les Lyonnais, ce qui fit dire, avec malice, à Léon Daudet (1867-1942), le fils d'Alphonse, que *« Lyon est une ville arrosée par trois grands fleuves, le Rhône, la Saône et le Beaujolais »*. Si, juridiquement, le Beaujolais fait partie de la Bourgogne, il partage également une même philosophie du négoce, puisqu'une partie de la production de Beaujolais est commercialisée par des négociants éleveurs, principalement installés autour de Villefranche-sur-Saône, la capitale viticole, mais aussi à Beaune.
La grandeur de ce vignoble, planté presque exclusivement de gamay sur les mamelons généreux des contreforts du Massif central, se dissimule dans ces crus aux vins fruités et immédiatement séducteurs, sans être dénués de complexité ni de finesse. En ce pays du gamay, le cépage s'exprime à merveille sur les pentes granitiques et argilo-calcaires. Et il serait dommage de ne pas partir, au détour des chemins et des vallons, à la redécouverte de ces paysages, parmi les plus beaux de France, et de ses vignerons.

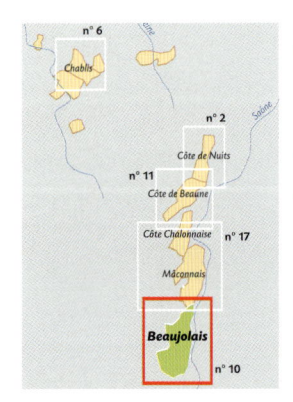

Après la Côte de Nuits, présentée dans le volume 2 de notre collection, le vignoble de Chablis dans le volume 6 et le Beaujolais parcouru dans le présent guide, notre visite des vins de Bourgogne se poursuivra avec les volumes 11 et 17 de notre série, consacrés respectivement à la Côte de Beaune et aux vins du Chalonnais et du Mâconnais.

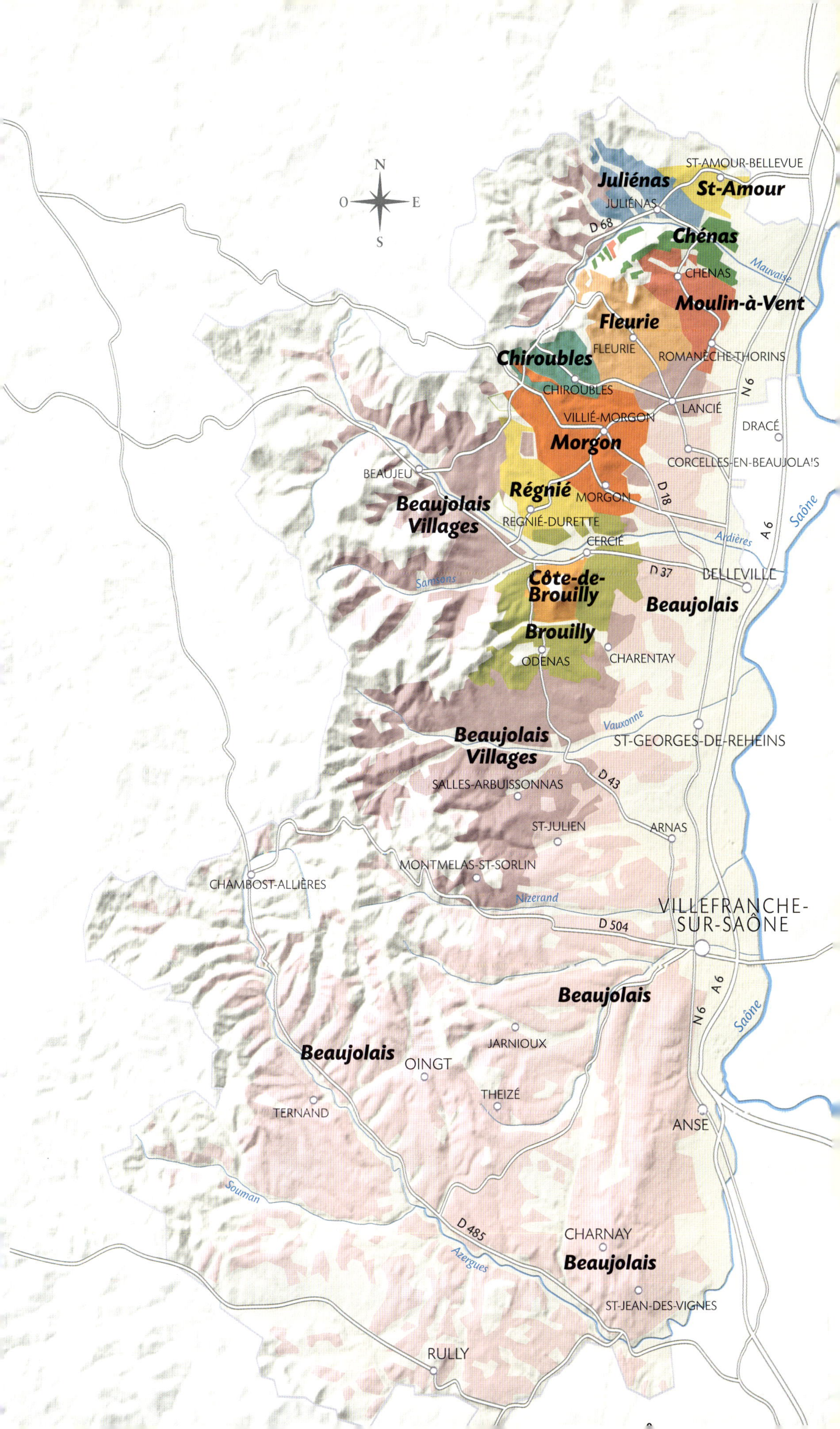
N
O
E
S
ST-AMOUR-BELLEVUE
Juliénas
St-Amour
JULIÉNAS
D 68
Chénas
CHENAS
Mauvaise
Moulin-à-Vent
Fleurie
FLEURIE
ROMANÈCHE-THORINS
Chiroubles
CHIROUBLES
N 6
LANCIÉ
VILLIÉ-MORGON
DRACÉ
Morgon
BEAUJEU
CORCELLES-EN-BEAUJOLAIS
Régnié
MORGON
D 18
Beaujolais
Villages
REGNIÉ-DURETTE
Saône
A 6
Ardières
CERCIÉ
D 37
BELLEVILLE
Samsons
Côte-de-
Brouilly
Beaujolais
Brouilly
ODENAS
CHARENTAY
Vauxonne
Beaujolais
Villages
ST-GEORGES-DE-REHEINS
D 43
SALLES-ARBUISSONNAS
ST-JULIEN
ARNAS
MONTMELAS-ST-SORLIN
CHAMBOST-ALLIÈRES
Nizerand
VILLEFRANCHE-
SUR-SAÔNE
D 504
Beaujolais
A 6
N 6
Saône
JARNIOUX
Beaujolais
OINGT
THEIZÉ
TERNAND
ANSE
Souman
D 485
CHARNAY
Azergues
Beaujolais
ST-JEAN-DES-VIGNES
RULLY

▶ Découvrir

L'appellation
Treize appellations

Le vignoble du Beaujolais couvre une vaste zone du sud de Mâcon jusqu'au nord de la banlieue lyonnaise, et s'étend sur 20 500 hectares de vignes en production, presque intégralement plantées en gamay. Si les appellations d'origine contrôlée (AOC) régionales sont plutôt situées dans le sud, les AOC communales sont concentrées dans la partie nord.

Beaujolais (8 288 ha), y compris le Beaujolais Supérieur

Cette appellation d'origine contrôlée (AOC) régionale est répartie en deux zones géographiques distinctes, la partie principale, dans le sud du vignoble, et une bande presque continue s'étirant depuis Villefranche jusqu'à la Saône-et-Loire, au nord du vignoble. Par ailleurs, 150 hectares sont également consacrés à la production de l'AOC Beaujolais blanc. Ces parcelles de chardonnay sont notamment situées à l'extrême nord du vignoble, aux limites du Mâconnais, et dans le sud, autour des communes de Liergues, du Bois-d'Oingt et de Bully.

Beaujolais-Villages (5 796 ha)

Trente-huit communes ont droit à cette appellation. Elles sont situées dans les départements du Rhône (31 villages) et de Saône-et-Loire (7 villages), dans trois zones produisant des vins à la typicité différente : la zone sud, adossée aux monts de la Haute-Azergue, la zone centrale, jouxtant les AOC de Brouilly et Régnié, et une troisième zone, au nord, autour des AOC Fleurie, Juliénas, Chénas et Moulin-à-Vent. Sous cette désignation, on trouve également un peu de vin blanc (65 ha).

Beaujolais Nouveau

Cette appellation se superpose aux appellations régionales précédentes, l'AOC Beaujolais produisant les deux tiers des beaujolais nouveaux. Au total, le beaujolais nouveau représente près de la moitié de la production totale du vignoble, soit environ 60 millions de bouteilles.

Brouilly (1 329 ha)

La plus vaste appellation communale du Beaujolais est aussi la plus méridionale. Elle regroupe environ 400 vignerons et s'étend sur six communes. Brouilly ne compte qu'un seul climat, Pisse-Vieille, une parcelle de 22 hectares sur la commune de Cercié.

Chénas (249 ha)

Le plus petit des dix crus du Beaujolais qui compte 200 vignerons et s'étend sur deux communes, Chénas, dans le Rhône, et La Chapelle-de-Guinchay, en Saône-et-Loire.

Chiroubles (366 ha)

Chiroubles est la plus élevée des appellations de la région. Ses parcelles sont situées entre 250 et 450 mètres d'altitude. Elle compte seulement 75 vignerons. Chiroubles fait partie des appellations qui produisent des vins parmi les plus équilibrés.

Côte de Brouilly (316 ha)

Encerclée par l'AOC Brouilly, cette petite appellation doit sa spécificité aux métadiorites, une roche d'origine volcanique, plus connue sous le nom de pierre bleue de la côte de Brouilly.

Fleurie (890 ha)

Fleurie est l'un des « fleurons » du Beaujolais. L'appellation s'étend uniquement sur la commune éponyme. Elle compte également treize climats (lieux-dits) différents produisant autant de vins typés : Les Cotes, La Roilette, Le Bon Cru, Les Moriers, Les Roches, Les

Fleurie, La Madone.

Garants, Poncié, Montgenas, La Chapelle des Bois, La Madone, Grille-Midi, Champagne, La Joie du Palais.

Juliénas (595 ha)
Situé sur des sols granitiques, maigres et arides, Juliénas s'étend sur quatre communes des départements du Rhône et de Saône-et-Loire. Elle ne possède pas de climat et compte 120 vignerons.

Morgon (1 100 ha)
Bien que vaste, l'appellation s'étend uniquement sur la commune de Villié-Morgon, sur des roches friables de schiste pyriteux. L'AOC comporte six climats qui sont, d'est en ouest : Grand Cras, Les Charmes, Côte de Py (le plus réputé de tous), Corcelette, Les Micouds et Douby.

Moulin-à-Vent (660 ha)
Cette appellation ne porte pas le nom d'une commune, mais le tient du moulin du XVe siècle qui domine l'appellation. Celle-ci s'étend sur deux villages, Romanèche-Thorins et Chénas.

Régnié (371 ha)
Il a fallu dix ans aux 120 vignerons de Régnié pour faire reconnaître les spécificités de leur cru. Ils ont été entendus puisque, depuis 1988, Régnié est la dernière-née des appellations communales du Beaujolais. Elle s'étend principalement sur le village de Régnié-Durette.

Saint-Amour (322 ha)
Cette petite appellation au nom plein de promesses ne compte que 46 vignerons. Elle est située à l'extrême nord du vignoble sur la commune éponyme. Elle compte également douze climats dont certains s'accordent à merveille avec le nom de l'AOC : « A la folie » ou « En paradis ».

▶ Découvrir

Les sols
Le pays des mille collines

Adossés aux reliefs des monts du Beaujolais, derniers contreforts du Massif central, les vignobles reposent sur un sous-sol varié, depuis les roches schisteuses jusqu'aux alluvions de la Saône.

Le vignoble du Beaujolais, qui s'étend sur 45 kilomètres, du nord au sud, le long de la rive droite de la Saône, est adossé aux monts du Beaujolais, dont les sommets culminent entre 700 et 1 000 mètres d'altitude (le point culminant étant le mont Saint-Rigaud à 1 009 mètres). Ces reliefs, derniers contreforts du Massif central, présentent une topographie tumultueuse renforcée par un vaste réseau de cours d'eaux qui parcourt les vallées, avant de se jeter dans la Saône.

La coupe de sol effectuée de part et d'autre de l'appellation Brouilly montre les différents types de sols que l'on rencontre dans cette partie du vignoble. Les monts du Beaujolais étant une représentation orientale du Massif central, c'est la raison pour laquelle on retrouve un soubassement de roches métamorphisées (schistes), ainsi que des granits, provenant de l'époque géologique hercynienne à laquelle appartient le Massif central. Et ce, d'ouest en est, jusqu'à la commune de Saint-Lager. Comme on peut le voir sur cette coupe de sol, l'appellation Beaujolais s'étend sur des terroirs très variés, alors que plus on monte dans la hiérarchie des crus, plus la nature des sols s'homogénéise. L'appellation Brouilly est présente sur quatre types de sols composés principalement de granit rose, de schistes et de résidus de marne et de calcaire. Mais l'exemple le plus éloquent est constitué par l'appellation Côte de Brouilly (312 ha), juchée sur les pentes du mont Brouilly. Ici, le terroir est majoritairement composé de métadiorites, une roche d'origine volcanique, appelée aussi pierre bleue de la côte de Brouilly. Plus à l'est, en direction de la plaine, on retrouve un type de sol argilo-calcaire, ainsi que des résidus alluvionnaires déposés au fil des époques par la Saône.

De manière schématique, le vignoble du Beaujolais peut être divisé en deux parties distinctes. Au sud, la nature du sol est plutôt argilo-calcaire et c'est ici que la plus grande partie de l'appellation Beaujolais s'étend. Et au nord de Villefranche-sur-Saône la nature du sol devient plus granitique et schisteuse ; c'est ici que sont implantés les dix crus du Beaujolais.

Ci-contre, en haut : Vaux-en-Beaujolais.
Ci-contre, en bas : Chiroubles.

OUEST										EST

Beaujolais
Beaujolais-Villages
Brouilly
Côte-de-Brouilly

Citadelle — Quincié-en-Beaujolais — *Samsons* — *Mont Brouilly* — St-Lager — Belleville — *Saône*

Roches métamorphisées (schistes) — Alluvions récentes — Granites — Roches métamorphisées (schistes) — Marnes et calcaires du Jurassique — Cône de déjection — Molasses — Moyenne terrasse — Alluvions récentes

▶ Découvrir

Cépages : Le pays du gamay

En Beaujolais, seuls deux cépages sont employés. Le gamay, pour la production des vins rouges (et accessoirement rosés), qui couvre 99 % du vignoble, et le chardonnay, qui sert à l'élaboration des rares vins blancs.

Le gamay noir à jus blanc

Le gamay a véritablement trouvé sa terre d'élection sur les sols argilo-calcaires et granitiques du Beaujolais : les trois quarts de la production mondiale de ce cépage se situent ici. Jusqu'à l'invasion du phylloxéra, à la fin du XIXe siècle, il était l'un des cépages les plus répandus dans le vignoble hexagonal et couvrait plus de 160 000 hectares, soit un dixième du vignoble français. On le retrouve d'ailleurs encore de nos jours dans la Vallée de la Loire (y compris en Côte Roannaise, Côtes du Forez ...) et en Savoie. Au Moyen Age, en Bourgogne, il concurrençait le pinot noir, jusqu'à ce qu'en 1395, Philippe le Hardi, dans une ordonnance, le bannisse au profit du pinot, jugé plus noble et mieux adapté à la production de grands vins. Cela n'a pas empêché le gamay de prospérer et de s'implanter durablement, dans le sud de la Bourgogne (Mâconnais).
Le gamay serait issu d'un croisement entre deux cépages, l'un bourguignon, le pinot, l'autre originaire de Croatie, le gouais, introduit par les Huns au IXe siècle. Ce cépage rustique a laissé une vaste descendance regroupée au sein de la famille des « noiriens », où on retrouve également le chardonnay, l'aligoté, le melon, le saci, l'auxerrois... Le gamay est un cépage précoce qui donne des vins relativement peu colorés mais très aromatiques. Dans le Beaujolais, il couvre 99 % du vignoble.

Le chardonnay

Le chardonnay est également présent en Beaujolais, mais de façon marginale. Il n'occupe que 215 hectares de vignes sur les 20 500 hectares que compte la région. Il est dédié à la confidentielle production de beaujolais blanc et de beaujolais-villages blanc, et donne des vins plus aromatiques que ceux de la Bourgogne, sans en atteindre ni la finesse ni la noblesse.

Ci-contre : pieds de Gamay taillés « en gobelet ».

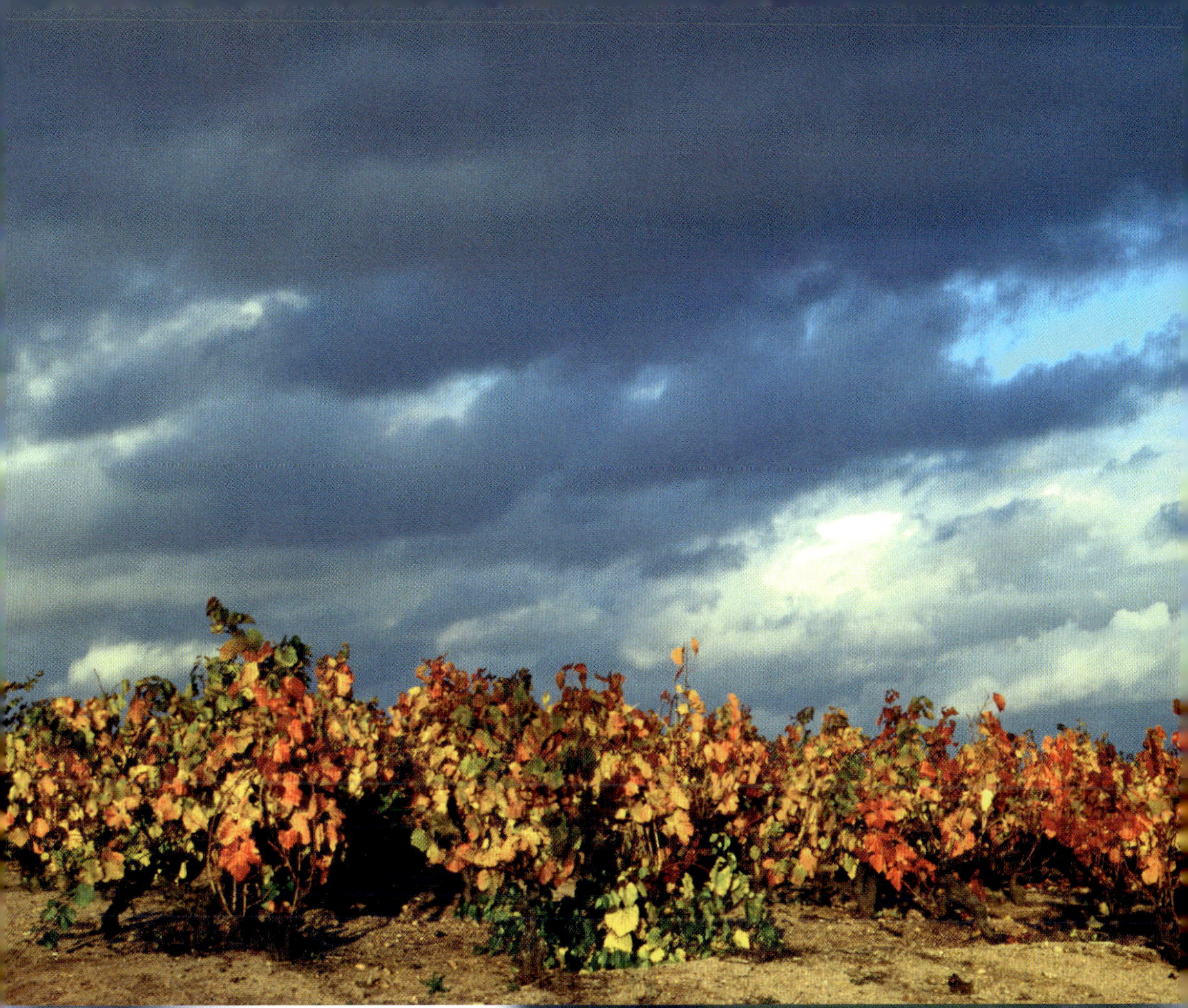

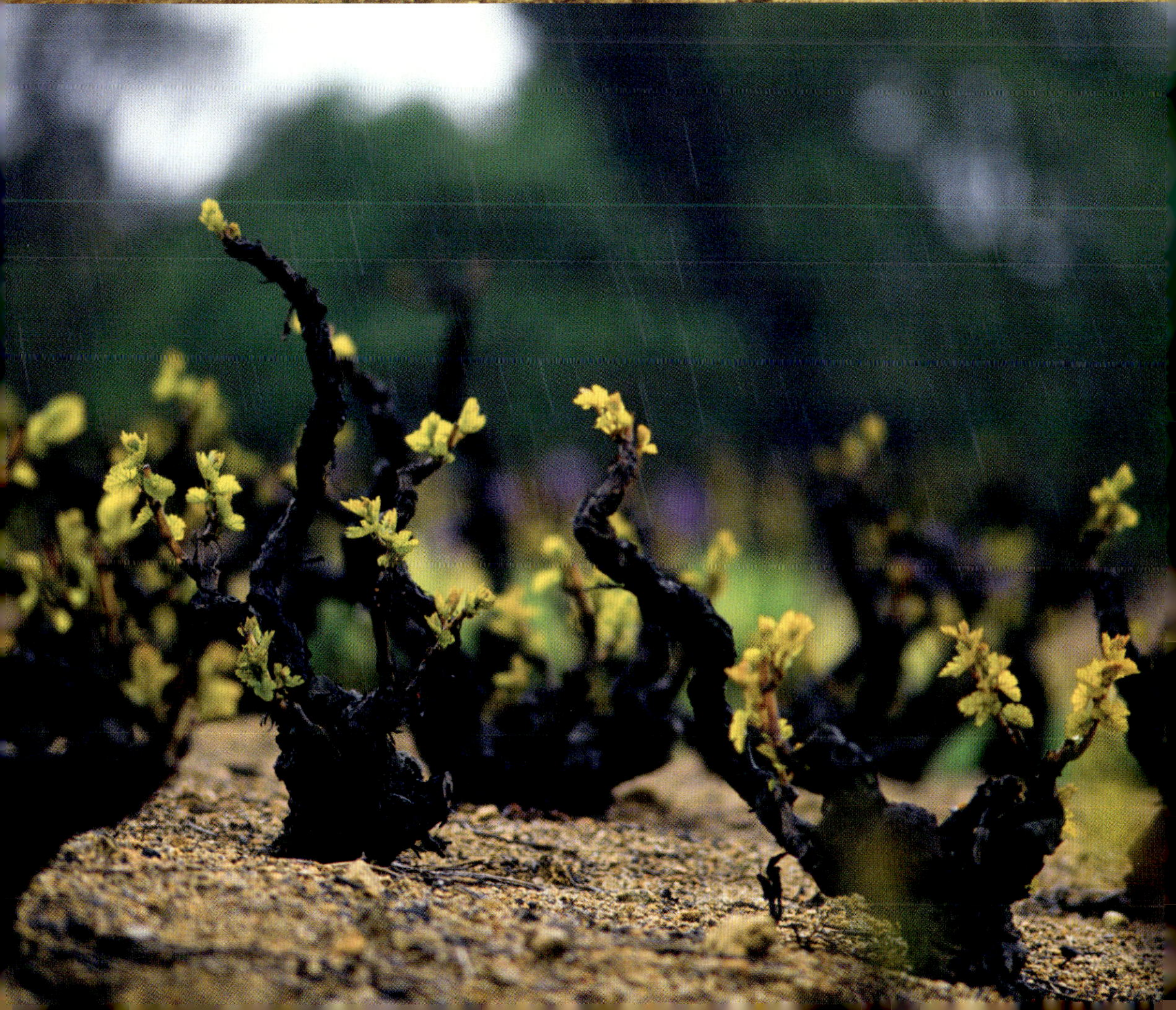

Découvrir

Beaujolais
La vinification

La vinification beaujolaise favorise l'expression du fruit

La vinification des vins rouges diffère en Beaujolais de celle des autres régions viticoles par une macération semi-carbonique. Une technique traditionnelle qui exclut les vendanges à la machine.

Si, dans le Beaujolais, la machine à vendanger est proscrite, ce n'est pas simplement par conservatisme de la part des vignerons. Cette interdiction résulte simplement de la méthode employée (macération semi-carbonique) pour l'élaboration des vins rouges. Une machine à vendanger, lors de son passage dans un rang de vigne, fait vibrer les pieds afin de faire tomber les grains mûrs dans des godets, au risque toutefois de les écraser. Or, la vinification beaujolaise nécessite que les baies parviennent intactes à la cuverie.

Une fois la récolte vendangée à la main, celle-ci est directement versée dans les cuves, qui sont ensuite fermées. Les grappes du dessus écrasent celles situées au fond de la cuve, qui libèrent alors leur jus. Puis commence la fermentation alcoolique (le sucre du jus se transforme en alcool) dans la partie inférieure du contenant. Le gaz carbonique qui s'en dégage remonte, au-dessus des raisins, sans pouvoir s'échapper de la cuve. Cette méthode a deux vertus. Le CO_2 possède un effet protecteur et, du fait d'une fermentation ralentie, s'opère un lent processus de macération qui va extraire le maximum de couleur et d'arômes des baies. Selon la typicité que le vigneron veut donner au vin, il allonge ou raccourcit la durée de macération (4 à 10 jours) jusqu'au décuvage et au pressurage de la vendange. Le viticulteur adoptera donc une macération courte pour le beaujolais primeur et une macération longue pour les crus prestigieux.

Pour les beaujolais nouveaux, les cuves sont généralement ensemencées avec des levures qui ont la propriété d'exacerber l'expression aromatique des vins, d'où les notes prononcées de banane, de fraise ou de framboise qui alimentent les conversations à la sortie de chaque nouveau millésime.

Bien que la fermentation alcoolique ne soit généralement pas terminée à la fin de la macération, le vigneron vide sa cuve en deux temps, cela s'appelle le décuvage. Tout d'abord, le jus de la cuve est écoulé, ce que l'on appelle le jus de « tire » ou de « goutte ». Puis les raisins sont pressés pour en extraire le jus de « presse ». Ces deux jus sont alors assemblés afin de terminer la fermentation alcoolique, puis suit la fermentation malolactique (transformation de l'acide malique en acide lactique). Cette seconde fermentation a pour conséquence d'assouplir les vins et de les rendre moins acides. Les meilleurs crus sont généralement élevés ensuite quelques mois en foudres ou en petits fûts de chêne. Mais les vins génériques sont quant à eux filtrés et mis en bouteilles dans les semaines qui suivent, avant d'être commercialisés. Soit le troisième jeudi de novembre pour le beaujolais nouveau, le 15 décembre pour les beaujolais et beaujolais-villages, ou un an après pour les crus.

Ci-contre, en haut : vendanges à Fleurie.
Ci-contre, en bas : un moulin-à-vent en phase de fermentation.

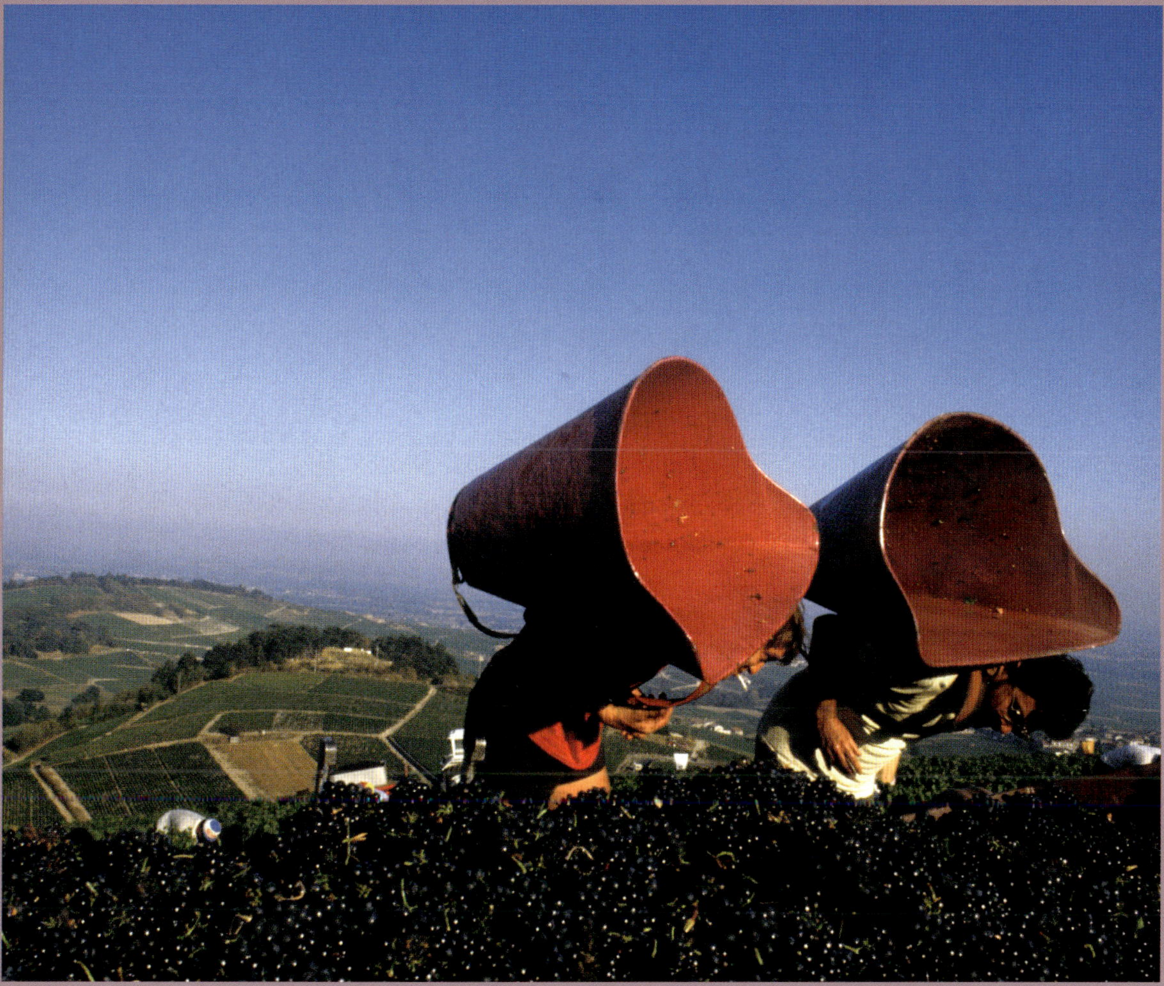

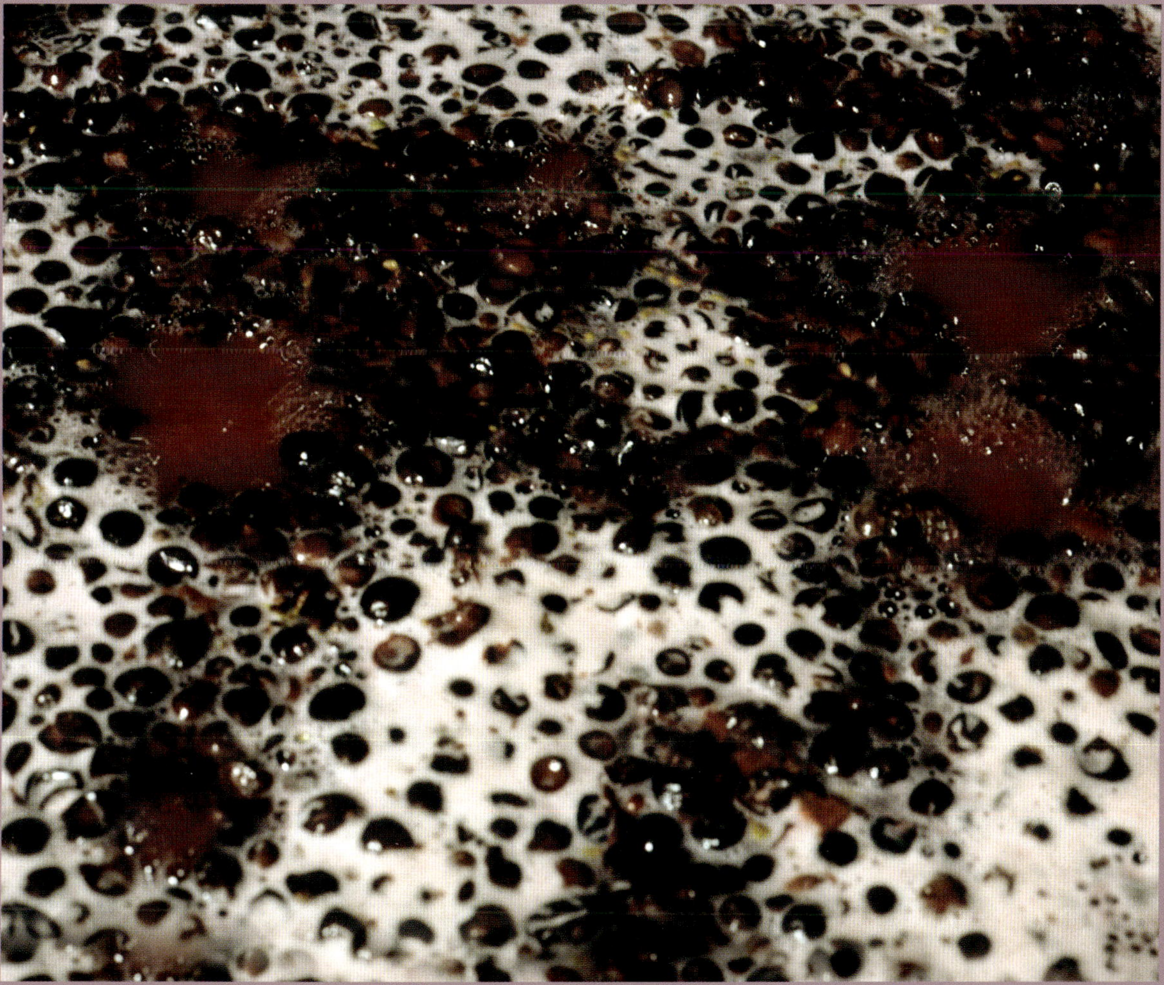

▶ **Découvrir**

L'histoire
Un vin populaire depuis quatre siècles

Bien que la vigne soit présente depuis deux mille ans dans la région, c'est véritablement à partir du XVIIe siècle que le vignoble du Beaujolais connaît une expansion formidable et devient le fournisseur en vins des bouchons et tavernes lyonnais.

Le Beaujolais partage son histoire viticole avec ses voisins immédiats de Bourgogne et de la vallée du Rhône. Les Romains y ont développé la viticulture, dont on trouve encore quelques traces dans les noms de certains crus, comme Juliénas, qui s'apparenterait à celui de Jules César. L'appellation est communément citée comme le point de départ de la viticulture locale. Puis, au Moyen Age, les moines l'ont perpétuée grâce à l'installation de leurs monastères. Plus tard, les comtes de Mâcon, les archevêques de Lyon et les abbés de Cluny possédèrent également des vignobles sur ce territoire. Une baronnie qui dépendait du seigneur de Beaujeu et qui, au XIIIe siècle, était la troisième plus vaste de France, après Bourbon et Coucy. C'est d'ailleurs aux seigneurs de Beaujeu et leur cité médiévale nichée entre les collines que l'on doit l'origine du nom Beaujolais. Depuis, Beaujeu a perdu son statut de capitale du Beaujolais au profit de Villefranche-sur-Saône. Mais ce bourg de deux mille âmes en demeure la capitale historique. Toutefois, la production de vin dans le Beaujolais demeure encore marginale par rapport aux autres produits agricoles, et sa consommation reste locale jusqu'à la fin du XVIe siècle. Car à quelques dizaines de kilomètres au sud, le vignoble lyonnais, suburbain, abreuve la capitale rhodanienne et au nord, Mâcon et son vignoble sont tournés vers Dijon.

A partir du début du XVIIe siècle, la viticulture beaujolaise évolue grandement. Les vins de la région trouvent enfin un débouché auprès des habitants de Lyon, qui voyaient dans ce vin issu du gamay un excellent produit de consommation courante. Un vin populaire, véritable compagnon de table. Servi en pots dans les bouchons de la ville, il trône sur toutes les tables. A l'origine, le pot « lyonnais » ou beaujolais est une unité de mesure datant du XVIe siècle, d'une contenance de 108 centilitres. Il passe plus tard à 104 centilitres, puis une loi de 1843 réduit encore sa contenance à 46 cl, soit, à l'époque, l'équivalent d'une demi-pinte. Cette mesure déclenche la grogne du peuple qui veut continuer « à boire à sa soif et à l'ancien prix ». Les bouchons et jeux de boules lyonnais resteront le principal débouché commercial du beaujolais jusque dans les années soixante. Ce n'est qu'à partir du 13 novembre 1951, date de la première mise en commercialisation du beaujolais nouveau, le troisième jeudi de novembre, que ce vin populaire connaît un nouveau tournant. Certes, le succès n'est pas immédiat. Il faut attendre les années soixante-dix pour que le beaujolais nouveau rencontre son public à l'échelle hexagonale, puis européenne. A la fin des années soixante-dix, le vin primeur est commercialisé aux Etats-Unis, puis en Australie en 1982 et au Japon en 1985, grâce à des expéditions par avion. Un succès qui, bien qu'il s'essouffle un peu, a fait de l'ombre aux autres appellations plus prestigieuses, et dont les vins sont infiniment plus intéressants.

Ci-contre, en haut : Brouilly, vendanges au château de La Chaize.
En bas : Villie-Morgon, château de Fontcrenne.

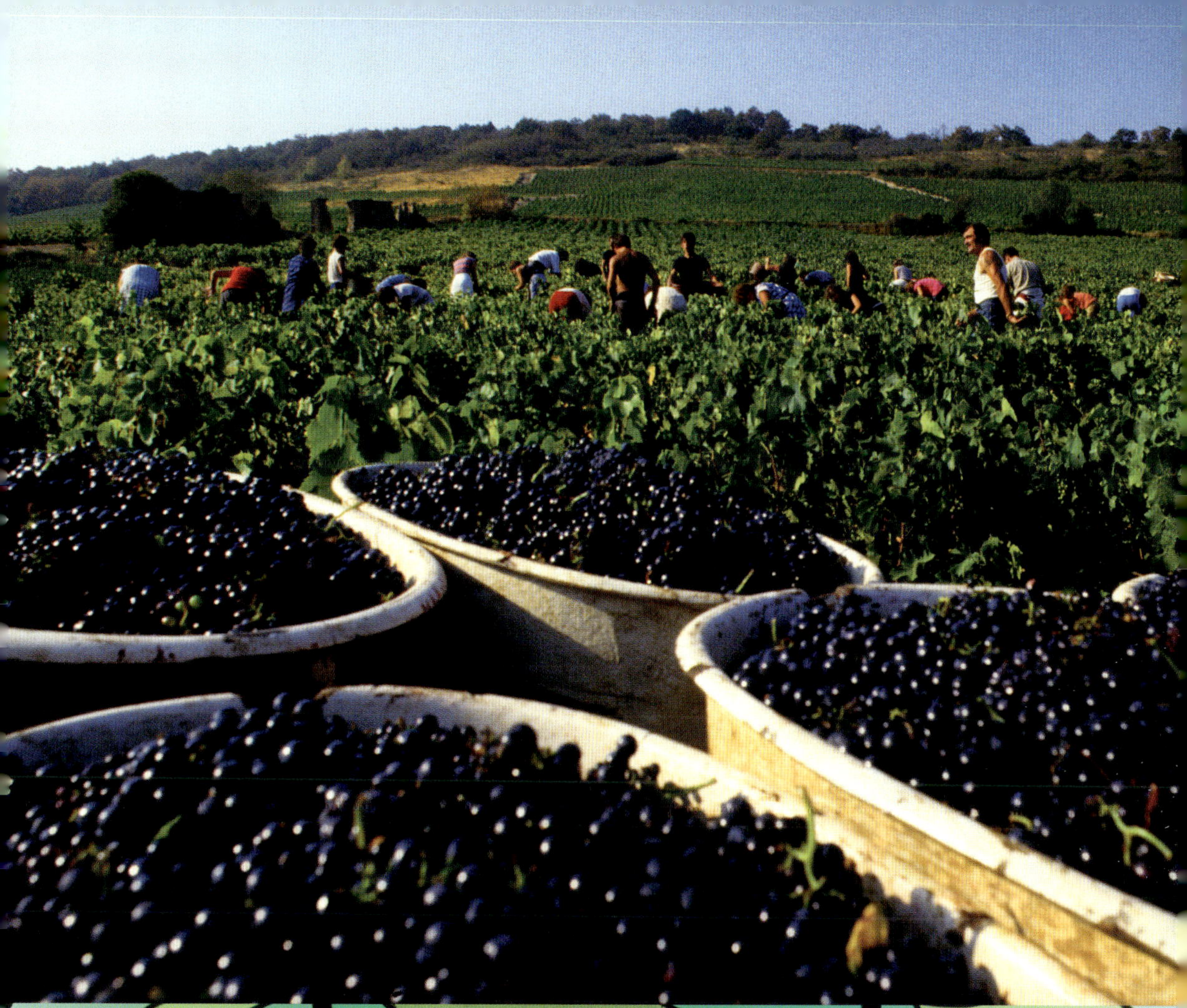

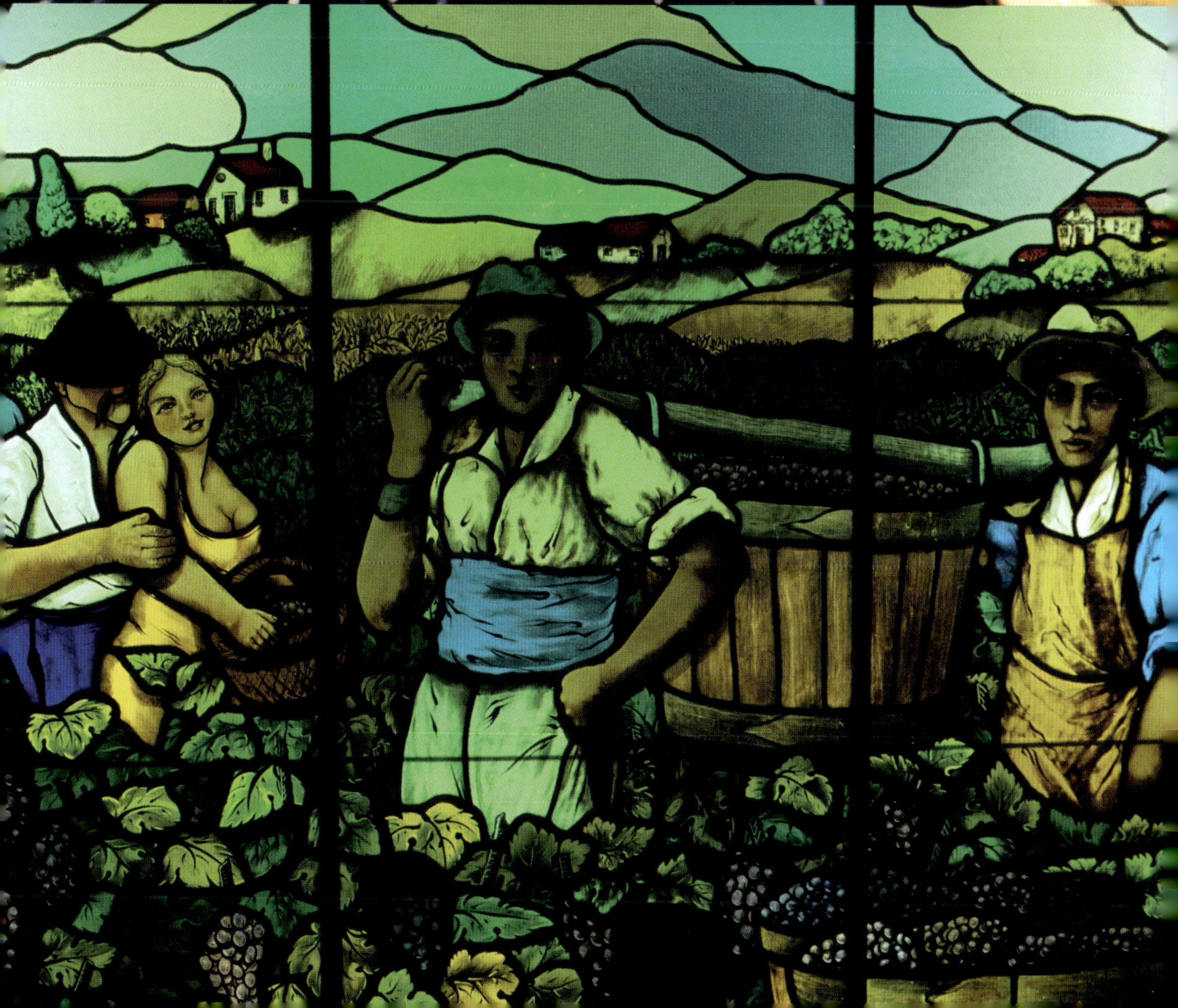

▶ Découvrir

Beaujolais Classement

Il n'existe pas de classement officiel dans le Beaujolais. Voici le classement des meilleurs domaines proposé par "La Revue du vin de France" et "Le Figaro Magazine".

**

Domaine Louis-Claude Desvignes
Château des Jacques
Domaine du Vissoux

*

Domaine Daniel Bouland
Domaine Chignard
Domaine Paul et Eric Janin
Domaine Hubert Lapierre
Domaine Laurent Martray
Mommessin
Domaine Dominique Piron
Domaine des Terres Dorées
Château Thivin
Vins Georges Dubœuf

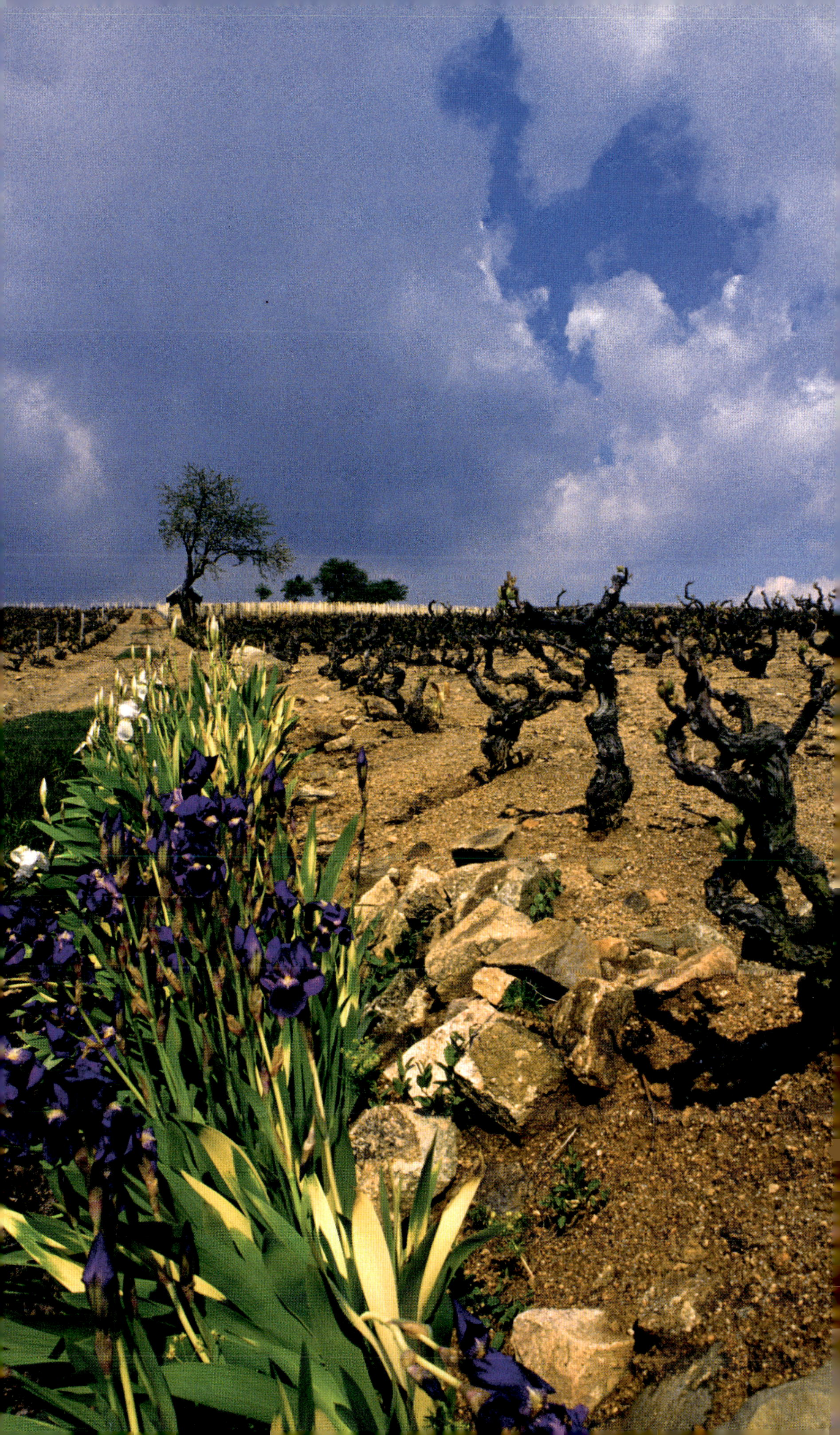

C

3
choisir

6 domaines **valeurs sûres**	32
6 domaines pour **grandes occasions**	39
6 domaines **atypiques**	45
3 domaines **mythiques**	51

▶ Choisir

La sélection des meilleurs vins

Voici une sélection des meilleurs vins de la région réalisée par le comité de dégustation de "La Revue du vin de France" en association avec "Le Figaro Magazine". Ces crus ont été répartis au sein de quatre catégories afin de vous aider à mieux choisir.

Ces vins sont le fruit de la rencontre entre la main de l'homme et un terroir exceptionnel. Les propriétés emblématiques de la région, réparties en quatre catégories, sont commentées, et les vins notés sur 20.

• **Les domaines valeurs sûres**
Des domaines à choisir en toute confiance.

• **Les domaines pour les grandes occasions**
Plus accessibles que les crus mythiques, ils offrent une alternative intéressante.

• **Les domaines atypiques**
Des vins hautement qualitatifs qui sortent des canons de l'appellation. Beaucoup de surprises dans cette sélection.

• **Les domaines mythiques**
Cette catégorie rassemble les domaines les plus prestigieux de la région.

Chaque domaine est noté de zéro à trois étoiles en fonction de la qualité des vins et du terroir.

A = moins de 10 € • **B** = de 10 à 15 € • **C** = plus de 15 € • **nc** = non communiqué

Vins **Georges Dubœuf***
BEAUJOLAIS

Rouge : nc.
Gamay 100 %.
Blanc : nc.
Chardonnay 100 %.
Production moyenne : 30 000 000 bt/an.

▪ Saint-Véran Prestige 2006
Prix : A • blanc • 14,5
▪ Pouilly-Fuissé Domaine Béranger 2006. Prix : A • blanc • 13,5
▪ Clos du Moulin-à-Vent 2005
Prix : nc • rouge • 16
▪ Morgon Belles Grives 2006
Prix : A • rouge • 15
▪ Moulin-à-Vent Fût de Chêne 2006
Prix : nc • rouge • 15
▪ Juliénas Château des Capitans 2007. Prix : nc • rouge • 14

✉ Vins Georges Dubœuf
La Gare
71570 Romanèche-Thorins

☎ 03 85 35 34 20
FAX 03 85 35 34 25
@ gduboeuf@duboeuf.com
SITE www.duboeuf.com

Tous les jours de 9 h à 18 h au hameau du Vin

Georges Dubœuf (président)

L'innovateur et médiatique Georges Dubœuf est négociant-éleveur depuis 1964. Son fils Franck le relaye efficacement depuis 1983. Grâce à des équipements techniques de tout premier ordre, les vinifications ont encore progressé ces dernières années. Le travail d'ambassadeur infatigable que mène Georges Dubœuf pour assurer la promotion de sa région est admirable ; la renommée mondiale dont jouit la maison est justifiée.

Les vins : le saint-véran est sérieux, ample et gras, souligné par un joli bois, avec une bonne mâche. Le beaujolais-villages est fermé, manquant de maturité et de gourmandise au niveau du fruit ; une certaine amertume de bouche se dégage. Le fleurie se révèle rond et souple, doté d'un fruit sincère. Un peu juste en termes d'harmonie, il est à boire dès maintenant. Charnu, le juliénas possède, comme beaucoup de 2007, des tanins décalés en finale de bouche, mais le fruit se livre bien. La cuvée Belles Grives est joliment gérée : un vin étoffé, sans aspérité, avec une trame équilibrée et un fruit juteux. Le moulin-à-vent reste le point fort du domaine, avec la cuvée Fût de Chêne qui se joue du bois tout en finesse. Le Clos du Moulin est fidèle à son millésime, complet, concentré, avec de beaux tanins bien intégrés, tout en conservant un joli fruit juteux.

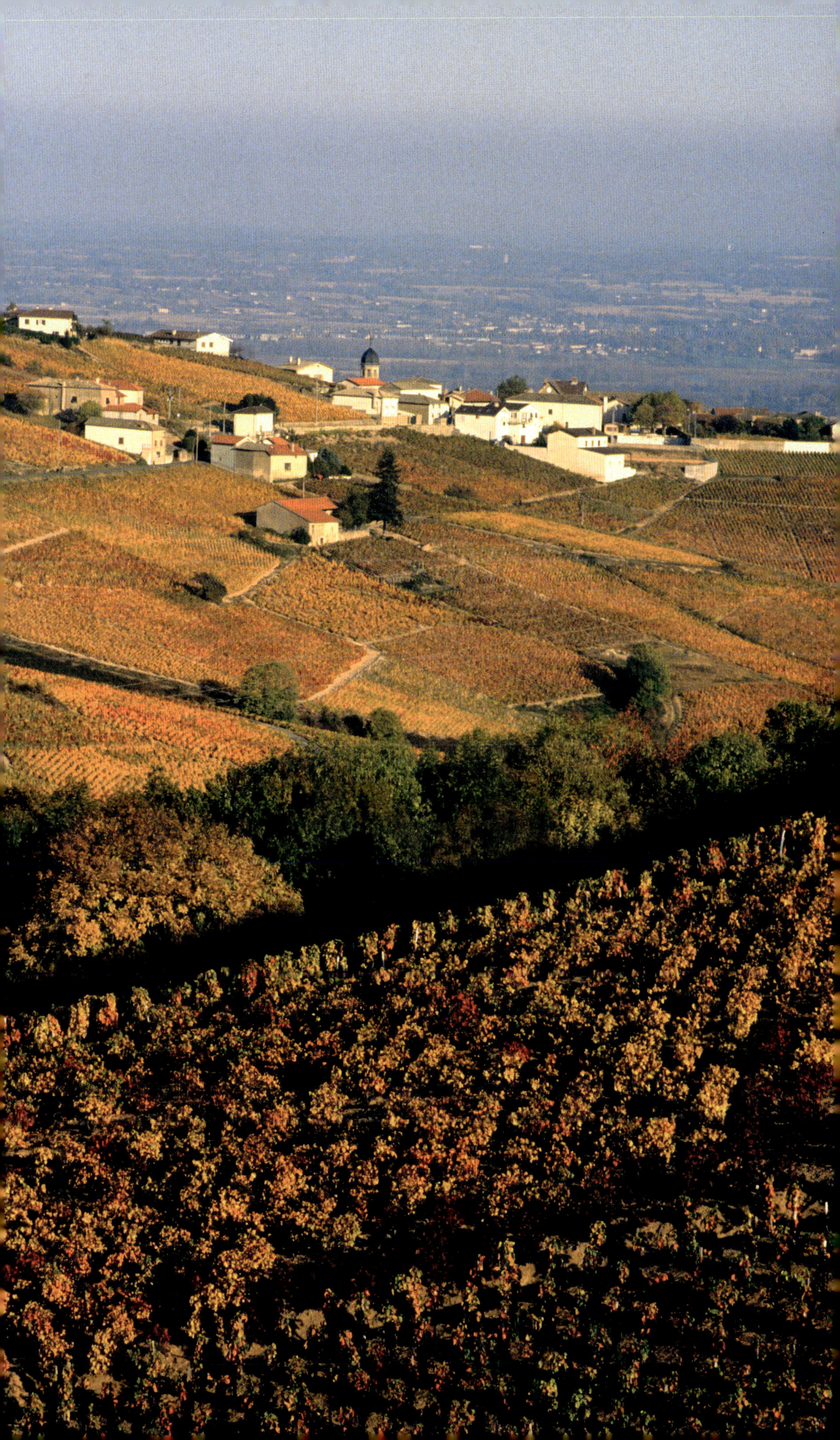

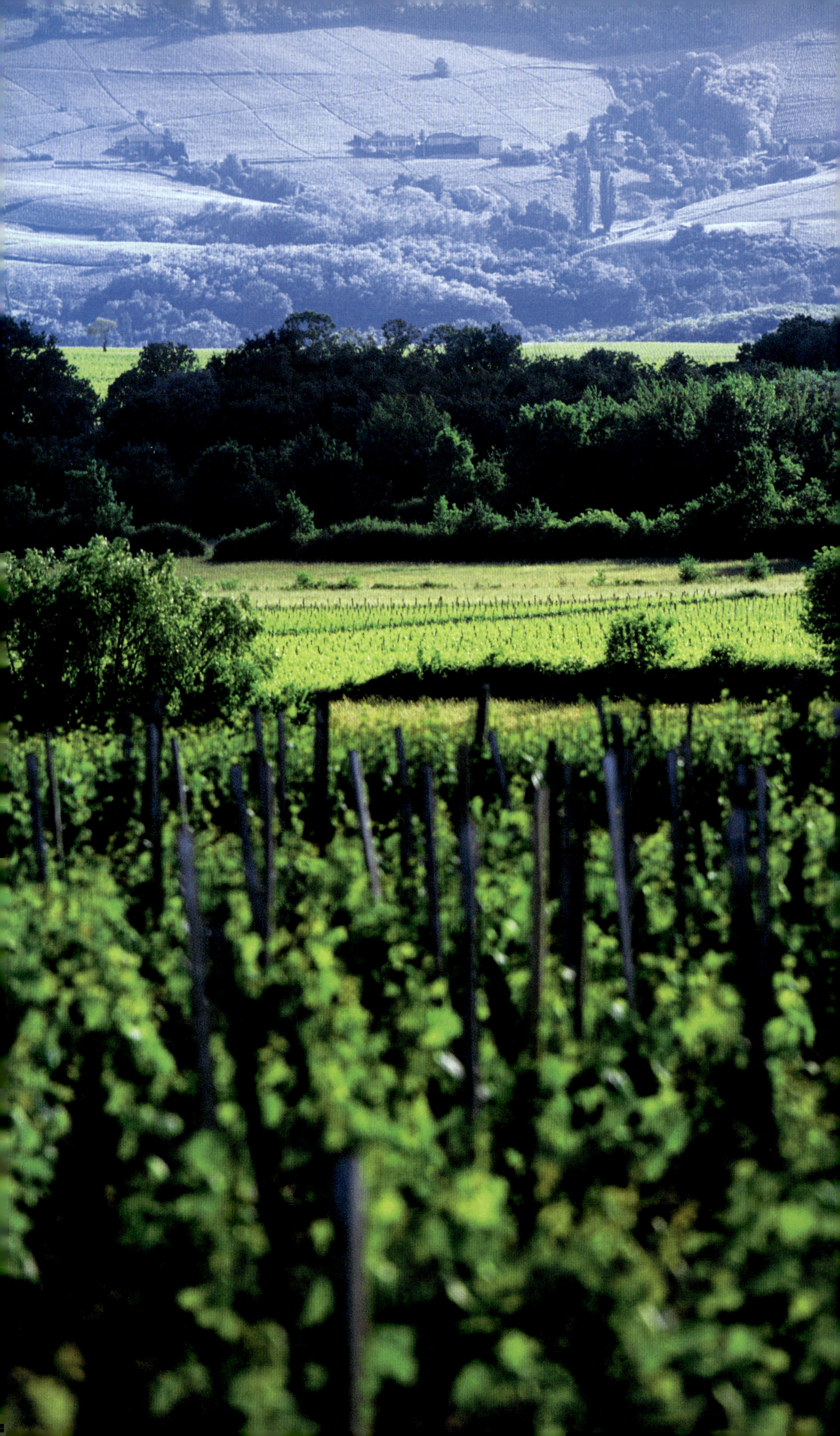

6 DOMAINES valeurs sûres

Domaine **Mommessin***
BEAUJOLAIS-VILLAGES

Rouge : nc.
Gamay 100 %.
Blanc : nc.
Chardonnay 100 %.
Production moyenne :
16 000 000 bt/an.

■ Pouilly-Fuissé Monternot Deux Terroirs 2006
Prix : nc • blanc • 15
■ Moulin-à-Vent Terres de Silice 2006
Prix : nc • rouge • 16.5
■ Brouilly Château de Pierreux 2007
Prix : nc • rouge • 15,5
■ Morgon Côte de Py Monternot 2006
Prix : nc • rouge • 14,5
■ Fleurie Roches 2006
Prix : nc • rouge • 13,5

✉ Mommessin
Le Pont des Samsons
69430 Quincié-en-Beaujolais

☎ 04 74 69 09 30
FAX 04 74 69 09 28
@ information@mommessin.fr
Du lundi au vendredi sur rdv
Philippe Bardet

Cette belle maison de négoce appartient au groupe Boisset qui, fort sagement, lui laisse une autonomie complète dans la définition du style de ses vins. Avec la réhabilitation d'un cuvage à Monternot, dans le secteur de Brouilly, le domaine est doté d'un outil très performant. Philippe Bardet, son actif directeur, compte bien y produire quelques-uns des vins les plus accomplis du Beaujolais en revenant à des techniques de vinification très inspirées de la Bourgogne (égrappage partiel, élevage sous bois) et surtout au moyen d'un partenariat intelligent avec les fournisseurs de raisins pour obtenir la meilleure matière première possible. Au regard des vins produits, son pari semble gagné.

Les vins : Le pouilly-fuissé est bien constitué, avec une palette aromatique mûre, sur un élevage bien géré sans être trop prétentieux. La bouche s'ouvre sur un joli volume ; une belle harmonie d'ensemble se dégage. Autant le moulin-à-vent Les Caves manque de fond et de complexité, autant le moulin-à-vent Terres de Silice impressionne par son expression de fruit et sa texture concentrée : un monde les sépare. Le Côte de Py tient son rang, doté d'une bonne mâche ; il lui reste à patiner sa texture. Le brouilly Château de Pierreux reste une valeur sûre de cette appellation ; le vin est légèrement réduit, mais le niveau de maturité et le volume de bouche sont séduisants.

A = moins de 10 € • **B** = de 10 à 15 € • **C** = plus de 15 € • **nc** = non communiqué

Château **Thivin***
CÔTE DE BROUILLY

Rouge : 24 hectares.
Gamay 100 %.
Blanc : 0,3 hectare.
Chardonnay 100 %.
Production moyenne :
130 000 bt/an.

■ Beaujolais-Villages Marguerite 2007
Prix : A • blanc • 13,5
■ Côte de Brouilly Zaccharie 2006
Prix : B • rouge • 16
■ Côte de Brouilly La Chapelle 2006
Prix : A • rouge • 14,5
■ Côte de Brouilly Les 7 Vignes 2007
Prix : A • rouge • 13,5

✉ Château Thivin
La Côte de Brouilly
69460 Odenas

☎ 04 74 03 47 53
FAX 04 74 03 52 87
@ geoffray@chateau-thivin.com
SITE www.chateau-thivin.com
Du lundi au samedi
de 10 h à 12 h 30
et de 14 h à 19 h
Claude Geoffray

Ce grand domaine classique est l'ambassadeur de la colline de Brouilly dans le monde. Les vins ont désormais acquis une assurance stylistique exemplaire, qui trouve son apothéose dans le millésime 2003. Le corps, la texture et le potentiel des cuvées Tradition et Chapelle n'ont pas d'équivalents connus. Tout aussi recommandables, les beaujolais-villages et les brouilly offrent une harmonie supérieure à toute la concurrence.

Les vins : le beaujolais-villages blanc est friand, avec un boisé quelque peu marqué, mais l'ensemble est désaltérant. Les 7 Vignes s'exprime dans un style assez léger et facile pour un terroir de la Côte de Brouilly. La cuvée Chapelle en 2006 possède plus de fond et surtout une trame plus veloutée ; la matière tannique, assez caractéristique du terroir de la côte, reste présente tout en étant plus intégrée dans l'ensemble de bouche. Le Zaccharie est une parfaite illustration d'un grand côte-de-brouilly. L'ensemble est moins plein en 2006 qu'en 2005, mais nous saluons cette recherche de maturité ; le vin est ample et sérieux, avec un bois civilisé.

▶ Choisir

Domaine **Jean-Marc Burgaud**
MORGON

Rouge : 17.5 hectares.
Gamay 100 %.
Production moyenne :
45 000 bt/an.

■ Morgon Côte du Py James 2006
Prix : C • rouge • 16
■ Morgon Côte du Py Réserve 2006
Prix : A • rouge • 15
■ Morgon Côte du Py 2006
Prix : A • rouge • 14,5
■ Morgon Les Charmes 2007
Prix : A • rouge • 14
■ Régnié Vallières 2007
Prix : A • rouge • 13,5

✉ Domaine Jean-Marc Burgaud
Morgon La Côte du Py
69910 Villié-Morgon

☎ 04 74 69 16 10
FAX 04 74 69 16 10
@ burgaud@jean-marc-burgaud.com
SITE www.jean-marc-burgaud.com

Tous les jours de 9 h à 12 h
et de 14 h à 19 h,
sur rendez-vous

Jean-Marc Burgaud

Viticulteur ambitieux, Jean-Marc Burgaud travaille avec sérieux et application pour exploiter au mieux un remarquable patrimoine de vignes sur les terroirs de l'appellation Morgon, parmi lesquels la partie la plus originale de la Côte du Py.
Les vins : le régnié est sur le fruit, de demi-corps mais plaisant. Le morgon Les Charmes est plus gourmand que concentré, dans un ensemble harmonieux. Les vins du terroir de la Côte du Py sont expressifs, sur des volumes et textures différents. La cuvée James nous semble la plus agréable : à la concentration supérieure s'ajoutent une perception tannique plus intégrée et un joli fruit souligné par un boisé délicat.

Ci-contre : vignoble près de Juliénas.

A = moins de 10 € • **B** = de 10 à 15 € • **C** = plus de 15 € • **nc** = non communiqué

Maison **Coquard**
BEAUJOLAIS

Rouge : achat de vin.
Gamay 100 %.
Blanc : achat de vin.
Chardonnay 100 %.
Production moyenne :
250 000 bt/an.

■ Fleurie Une Maison de Tradition 2006
Prix : A • rouge • 14,5
■ Morgon Une Maison de Tradition 2006
Prix : A • rouge • 14

✉ Maison Coquard
Hameau Le Boîtier
69620 Theizé-en-Beaujolais

☎ 04 74 71 11 59
FAX 04 74 71 11 60
@ contact@maison-coquard.com
SITE www.maison-coquard.com

Sur rendez-vous
Christophe Coquard

Créée en 2005 par le dynamique Christophe Coquard, cette maison de négoce s'est tout de suite fait une belle place sur le marché, preuve qu'il n'y a pas de fatalité en Beaujolais et qu'avec de beaux vins et un minimum de sens du marketing, rien n'est impossible.
Les vins : où sont donc le plaisir et l'intensité des 2005 ? Nous sommes bien moins loquaces et dithyrambiques sur le millésime 2006. Certains vins de la gamme, surtout sur les beaujolais-villages, sont un peu dominés par le coté technique, le style primeur est sympathique mais on attendait autre chose. Le saint-amour manque un peu de chair, le juliénas est végétal. Nous vous conseillons le fleurie, gourmand dans l'expression du fruit, avec une bouche de bonne envergure, et homogène dans sa perception. Le brouilly est moins dense mais conserve une harmonie et un fruit assez juteux. Quant au morgon 2006, il faudra lui donner un peu de temps pour y trouver un volume plus homogène car la matière est assez fidèle au terroir.

A = moins de 10 € • B = de 10 à 15 € • C = plus de 15 € • nc = non communiqué

Domaine **Métrat et Fils**
FLEURIE

Rouge : 7,2 hectares.
Gamay 100 %.
Production moyenne :
36 000 bt/an.

■ Fleurie La Roilette 2005
Prix : A • rouge • 15
■ Chiroubles 2005
Prix : A • rouge • 14

✉ Domaine Métrat et Fils
Domaine Bernard Métrat
La Roilette
69820 Fleurie

☎ 04 74 69 84 26
FAX 04 74 69 84 49
@ domaine-metrat-et-fils@wanadoo.fr

Tous les jours sur rendez-vous
Bernard Métrat

Producteur artisanal consciencieux et discipliné, Bernard Métrat a la chance de posséder une petite moitié du remarquable climat de la Roilette, en appellation Fleurie, à la limite du cru Moulin-à-Vent. Comme la valeur du terroir n'a pas encore en Beaujolais une grande influence sur les prix de vente, on trouvera chez lui, au même tarif qu'ailleurs, des fleuries d'une race exceptionnelle si l'on attend quatre ou cinq ans avant de les consommer.

Les vins : le chiroubles séduit par son fruit immédiat et le fleurie est élégant et très profond.

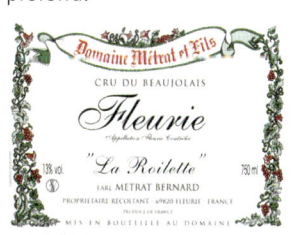

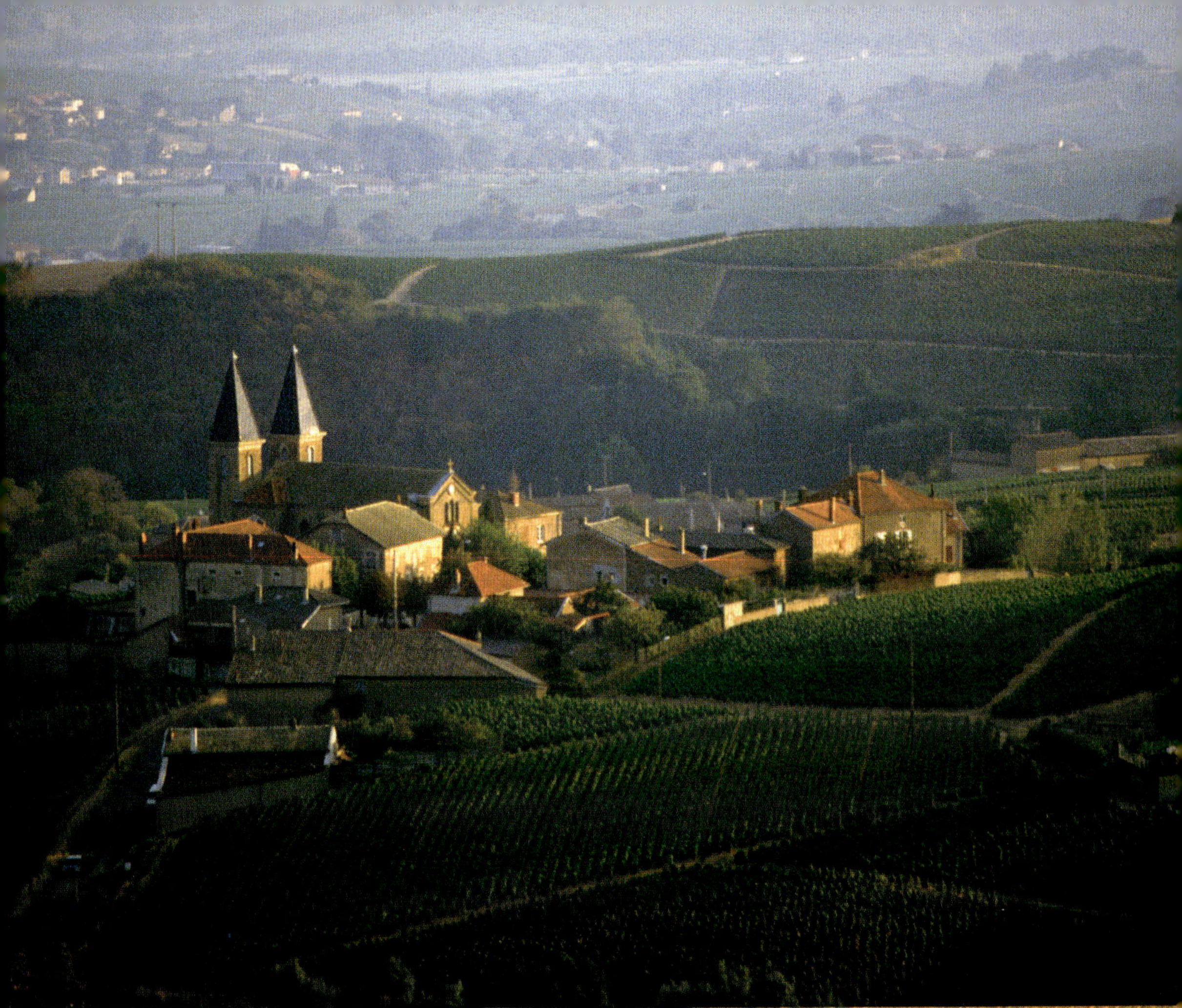

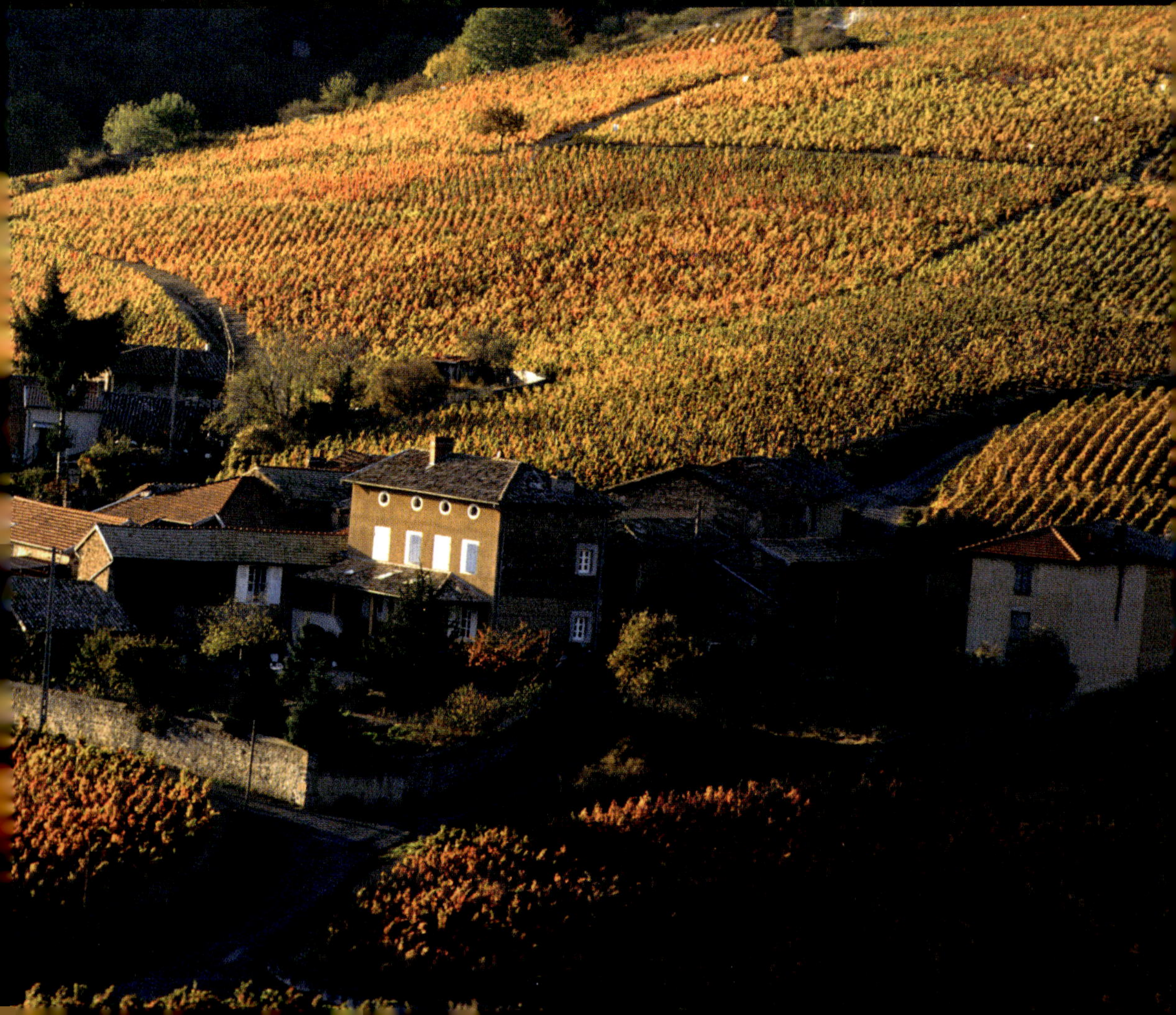

6 DOMAINES pour **grandes occasions**

Château **des Jacques****
MOULIN-À-VENT

Rouge : 32 hectares.
Gamay 100 %.
Blanc : 9 hectares.
Chardonnay 100 %.
Production moyenne : 220 000 bt/an.

- Beaujolais-Villages Grand Clos de Loyco 2005
Prix : A • blanc • 15
- Moulin-à-Vent Clos du Grand Carquelin 2004
Prix : C • rouge • 16,5
- Moulin-à-Vent Clos de Rochegrès 2004
Prix : C • rouge • 16
- Morgon Côte du Py 2004
Prix : B • rouge • 15

✉ Château des Jacques
71570 Romanèche-Thorins

☎ 03 85 35 51 64
FAX 03 85 35 59 15
@ chateau-des-jacques@wanadoo.fr
SITE www.louis-jadot.com
Tous les jours de 9 h à 17 h sur rendez-vous
Guillaume de Castelnau

Ce domaine phare de Moulin-à-Vent, qui a été acheté par la maison Jadot en 1996, a tout de suite produit des vins très intéressants. La cuvée La Roche semble posséder la minéralité la plus tranchée ; certains préféreront d'ailleurs la suavité du Clos de Rochegrès ou la finesse du Clos des Thorins. A Morgon, la maison Louis Jadot continue de perfectionner la production du remarquable Château de Bellevue, qui a pris le nom de Château des Lumières.
Les vins : un beaujolais blanc de grande classe, à faire pâlir quelques mâcons. Les morgons sont bien constitués. Notre préférence va au Côte du Py, avec cette finesse supplémentaire, ainsi que cette parfaite association du bois et du vin, gage de complexité ; la texture est savoureuse. Le Clos de Rochegrès, à la fois concentré et plein de finesse, a des accents bourguignons par son côté griotte. La bouche est en totale harmonie. Que dire du Clos du Grand Carquelin ? Vinifié de main de maître, il ne peut que sublimer sa région.

A = moins de 10 € • **B** = de 10 à 15 € • **C** = plus de 15 € • **nc** = non communiqué

Domaine **Daniel Bouland***
MORGON

Rouge : 6 hectares.
Gamay 100 %.
Production moyenne : 36 000 bt/an.

- Morgon Vieilles Vignes 2007
Prix : A • rouge • 17
- Morgon Corcelette 2007
Prix : A • rouge • 16
- Côte de Brouilly Mélanie 2007
Prix : A • rouge • 15

✉ Domaine Daniel Bouland
Corcelette
69910 Villié-Morgon

☎ 04 74 69 14 71
FAX 04 74 69 14 71
@ bouland.daniel@free.fr
Tous les jours de 8 h à 20 h
Daniel Bouland

Petit viticulteur du hameau de Corcelette, Daniel Bouland (attention au prénom car les Bouland sont nombreux dans le secteur !) nous séduit depuis quelques années avec des morgons d'une intensité de fruit et d'une rondeur exemplaires, issus d'un patrimoine de très vieilles vignes impeccablement cultivées et vendangées. Le fruit ne masque pas la minéralité presque sauvage du terroir mais l'exalte au contraire.
Les vins : un joli côte-de-brouilly fruité et doté d'une belle maturité. Le vin est de demi-puissance, pourvu d'une texture concentrée en finesse, dans un style agréable. Le Corcelette est poivré et juteux, plein et savoureux, avec une trame noble patinée et une belle persistance. Le morgon Vieilles Vignes est racé, d'une parfaite définition pour le millésime. Ce vin demande encore une petite évolution pour montrer de l'harmonie et une trame plus rassemblée, mais le fond est impressionnant.

Ci-contre, en haut : Villié-Morgon.
En bas : aux environs de Chiroubles.

▶ **C**hoisir

Domaine **Chignard***
FLEURIE

Rouge : 8 hectares.
Gamay 100 %.
Production moyenne :
35 000 bt/an.

■ Fleurie Cuvée Spéciale Vieilles Vignes 2005
Prix : B • rouge • 16,5
■ Fleurie Cuvée Spéciale Vieilles Vignes 2006
Prix : B • rouge • 15
■ Fleurie Les Moriers 2006
Prix : A • rouge • 14

✉ Domaine Chignard
Le Point du Jour
69820 Fleurie

☎ 04 74 04 11 87
FAX 04 74 69 81 97
@ domaine.chignard@wanadoo.fr
🚪 Du lundi au samedi de 8 h à 12 h et de 14 h à 19 h
👤 Cédric Chignard

Vinificateur hors pair, Michel Chignard possède un beau patrimoine de vieilles vignes sur le remarquable terroir des Moriers. Efficacement distribué dans la haute restauration locale, son vin est à peu près inconnu ailleurs et c'est un tort. L'accueil très courtois permet de mesurer rapidement le perfectionnisme de ce vigneron.

Les vins : le fleurie Les Moriers s'avère de bon niveau pour le millésime, avec une extraction modérée ; l'acidité maintient une belle fraîcheur. Le Vieilles Vignes 2006, plus étoffé, affiche une définition plus aboutie et plus complexe due à son élevage ; l'ensemble est de bonne dimension pour le millésime. En 2005, la même cuvée évolue avec une certaine classe, sur une trame sérieuse ; nous aimons ce vin pour son envergure mais aussi pour sa souplesse de texture. Une belle réussite.

Ci-contre, en haut : Fleurie, Madone des vignerons.
Ci-contre, en bas : le vignoble escarpé de Chiroubles.

A = moins de 10 € • **B** = de 10 à 15 € • **C** = plus de 15 € • **nc** = non communiqué

Domaine **Paul et Eric Janin***
MOULIN-A-VENT

Rouge : 10 hectares.
Gamay 100 %.
Production moyenne :
50 000 bt/an.

■ Moulin-à-Vent Clos du Tremblay 2006
Prix : A • rouge • 16
■ Moulin-à-Vent Domaine des Vignes du Tremblay 2006
Prix : A • rouge • 15
■ Beaujolais-Villages Domaine des Vignes des Jumeaux 2006
Prix : A • rouge • 14

✉ Domaine Paul et Eric Janin
71570 Romanèche-Thorins

☎ 03 85 35 52 80
FAX 03 85 35 21 77
@ pauljanin.fils@club-internet.fr
SITE www.vins-bourgogne-sud.com
🚪 Du lundi à samedi de 9 h à 12 h et de 14 h à 18 h
👤 Paul et Eric Janin

Les Janin sont des viticulteurs d'une probité et d'un talent reconnus par tous leurs pairs. Nous-mêmes leur reconnaissons une qualité rare en Beaujolais, celle de ne jamais se contenter du niveau acquis et de rechercher tous les moyens de progresser. Leurs vignes ne se situent pas dans les secteurs les plus prestigieux de Moulin-à-Vent mais sont admirablement cultivées. En matière d'élevage, les essais ont donné lieu en 2002 à une nouvelle cuvée qui mérite bien son nom, Séduction, de par le raffinement de sa texture et la qualité d'intégration de son boisé.

Les vins : nous remarquons que le beaujolais-villages arrive à un niveau de fruit et de texture que certains crus de la région n'atteignent pas. Le moulin-à-vent est bien constitué, avec une matière serrée mais sans aucune dissociation gustative. Le Clos du Tremblay est ample et velouté, doté d'une belle acidité qui lui donne cette tension et cette fraîcheur gustative ; l'ensemble témoigne d'une concentration tout en finesse.

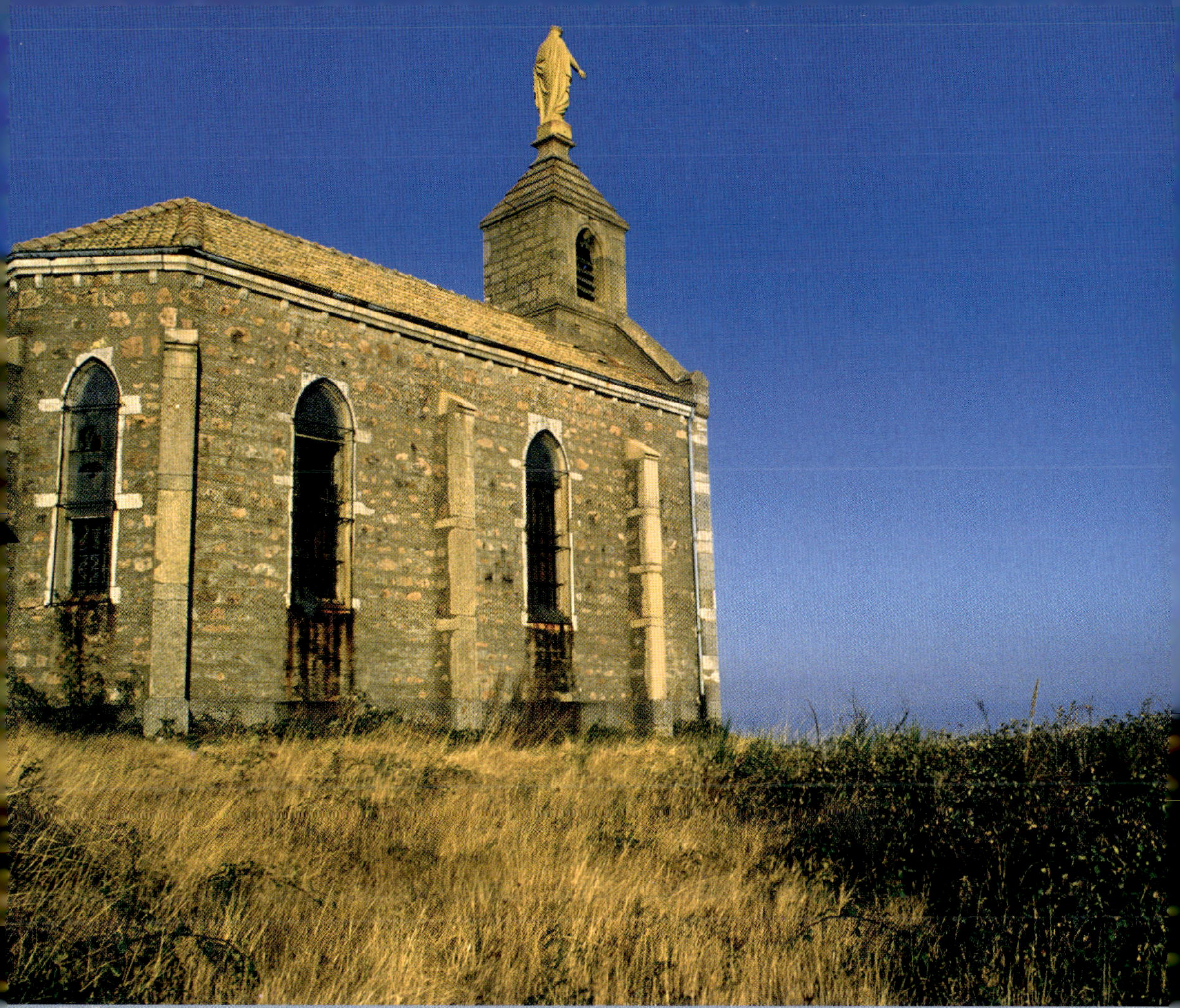

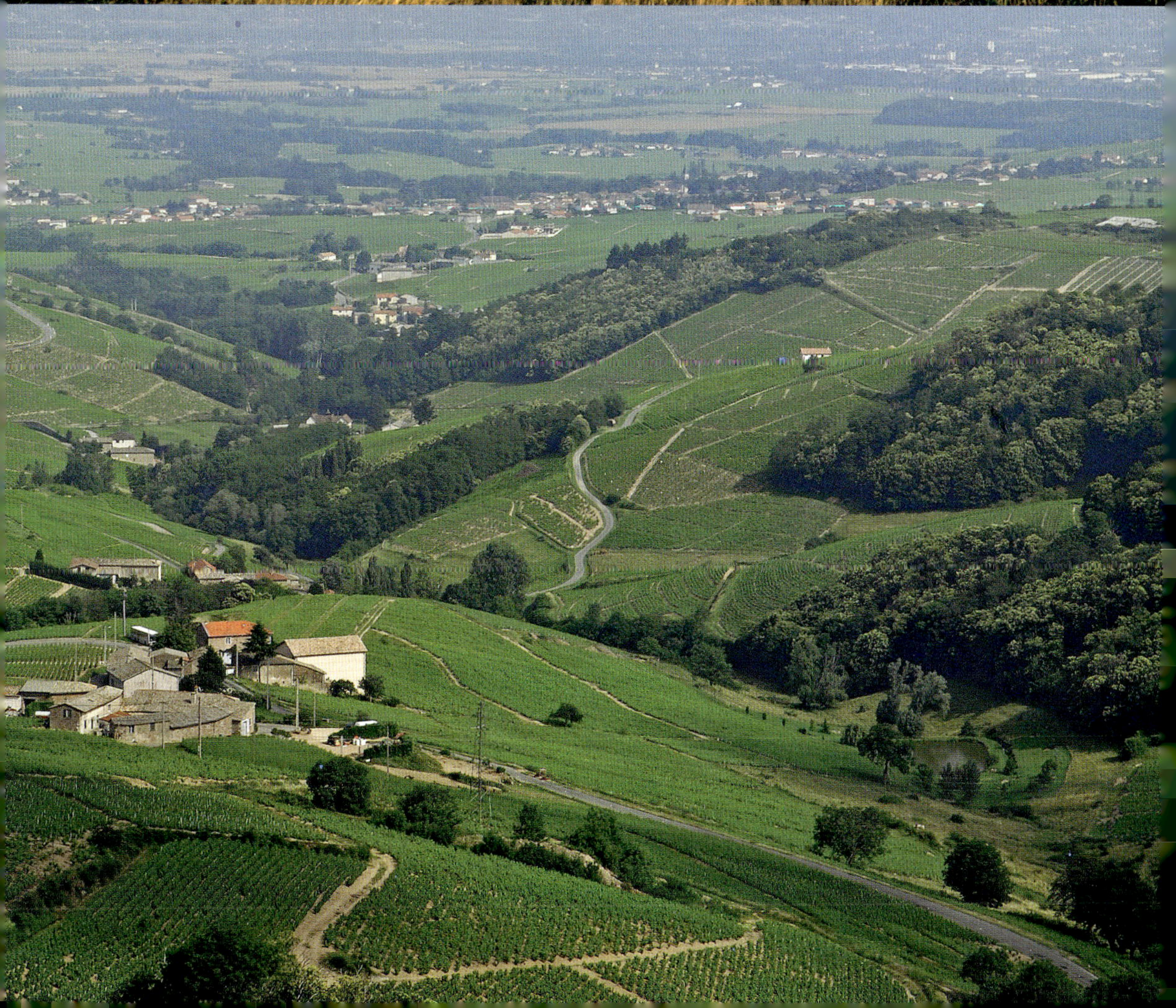

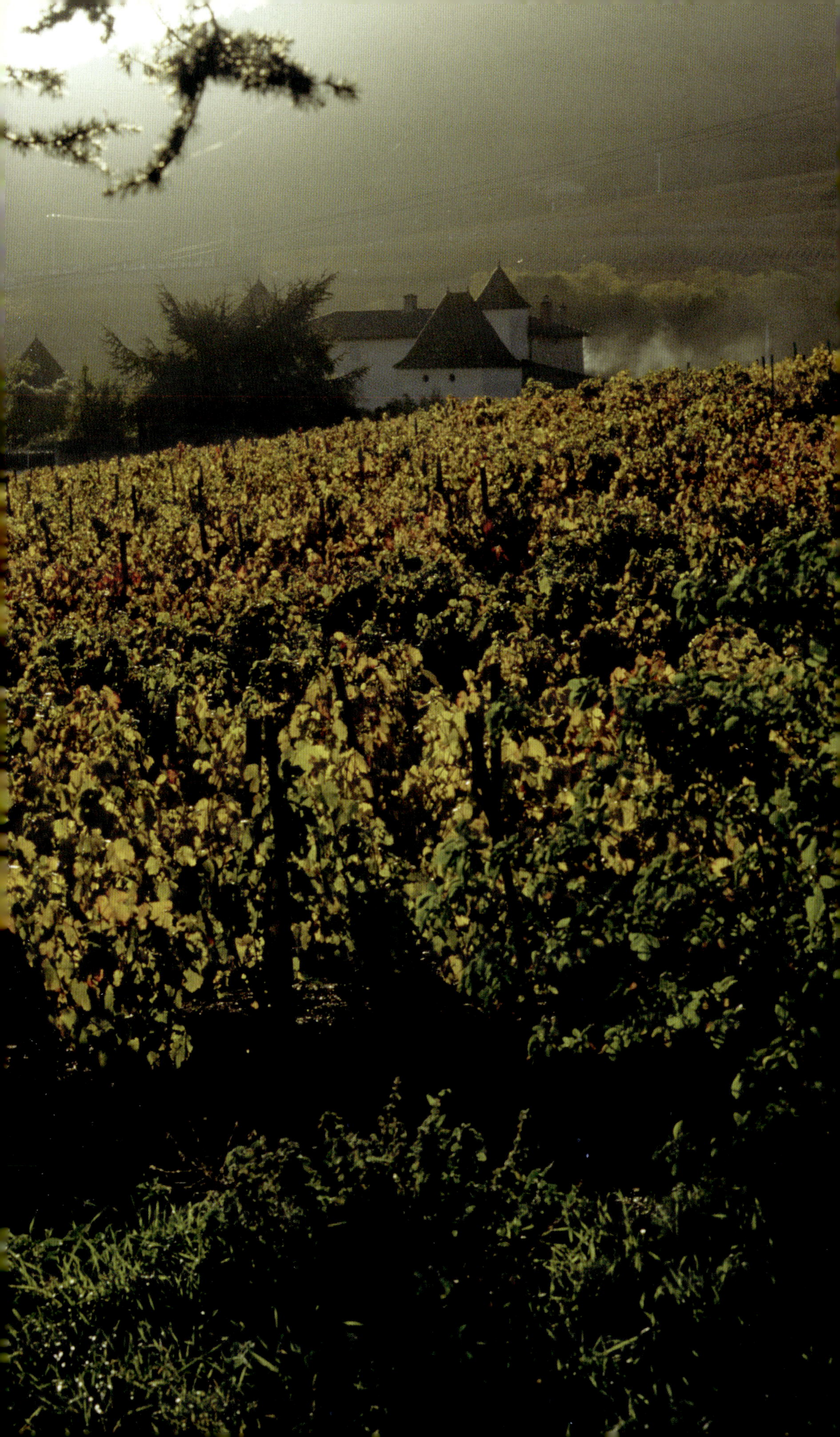

6 DOMAINES pour **grandes occasions**

Domaine **Hubert Lapierre***
CHÉNAS

Rouge : 7,5 hectares.
Gamay 100 %.
Production moyenne :
40 000 bt/an.

- Moulin-à-Vent Vieilles Vignes 2007
Prix : A • rouge • 15,5
- Chénas Vieilles Vignes 2007
Prix : A • rouge • 15
- Chénas Fût de Chêne 2003
Prix : A • rouge • 14,5
- Moulin-à-Vent Tradition 2007
Prix : A • rouge • 14,5

✉ Domaine Hubert Lapierre
Le Jandelin Cidex 324
71570 La Chapelle-de-Guinchay

☎ 03 85 36 74 89
FAX 03 85 36 79 69
@ hubert.lapierre@wanadoo.fr
SITE www.domaine.lapierre.com

Tous les jours de 9 h à 12 h et de 14 h à 19 h, de préférence sur rendez-vous

Hubert Lapierre

Un magnifique patrimoine de très vieilles vignes – pas loin de 90 ans –, des convictions et une grande rigueur de travail sont les points forts de ce propriétaire. Les vins possèdent ici un naturel d'expression et un fruit très pur.
Les vins : nous sommes séduits par le niveau du millésime. Les vins dans l'ensemble possèdent plus de fermeté et de tranchant que les 2006. Parmi toutes les cuvées dégustées, le chénas Vieilles Vignes nous régale par son fruit et sa gourmandise, défini par une bonne trame de tanins dans un ensemble vraiment agréable. Le moulin-à-vent Vieilles Vignes est dans les mêmes dispositions, avec une trame riche et savoureuse. L'influence de l'élevage se fait davantage sentir, mais dans le bon sens. Une certaine noblesse aromatique s'en dégage.

A = moins de 10 € • **B** = de 10 à 15 € • **C** = plus de 15 € • **nc** = non communiqué

Domaine **des Terres Dorées***
BEAUJOLAIS

Rouge : 17 hectares.
Gamay 90 %, pinot noir 10 %
Blanc : 3 hectares.
Chardonnay 100 %.
Production moyenne :
200 000 bt/an.

- Moulin-à-Vent 2006
Prix : nc • rouge • 16
- Morgon 2006
Prix : nc • rouge • 15
- Fleurie 2006
Prix : nc • rouge • 14,5
- Côte de Brouilly 2006
Prix : nc • rouge • 14

✉ Domaine des Terres Dorées
Crière
69380 Charnay

☎ 04 78 47 93 45
FAX 04 78 47 93 38
@ terredorees@wanadoo.fr
Sur rendez-vous
Jean-Paul Brun

La réputation du beaujolais nouveau de Jean-Paul Brun est telle qu'elle finit par éclipser ses autres vins. Il est vrai que son style très naturel convient bien à ce type de vins, même si la gamme recèle d'autres affaires intéressantes, à commencer par le moulin-à-vent.
Les vins : le fleurie 2006 est doté d'une texture ronde et agréable, le morgon s'avère ample et charnu, où le fruit est respecté. Le moulin-à-vent 2006 est le joli vin de la cave pour le millésime, concentré en finesse, velouté, avec un fruit juteux.

Ci-contre : une vigne près de Chénas.

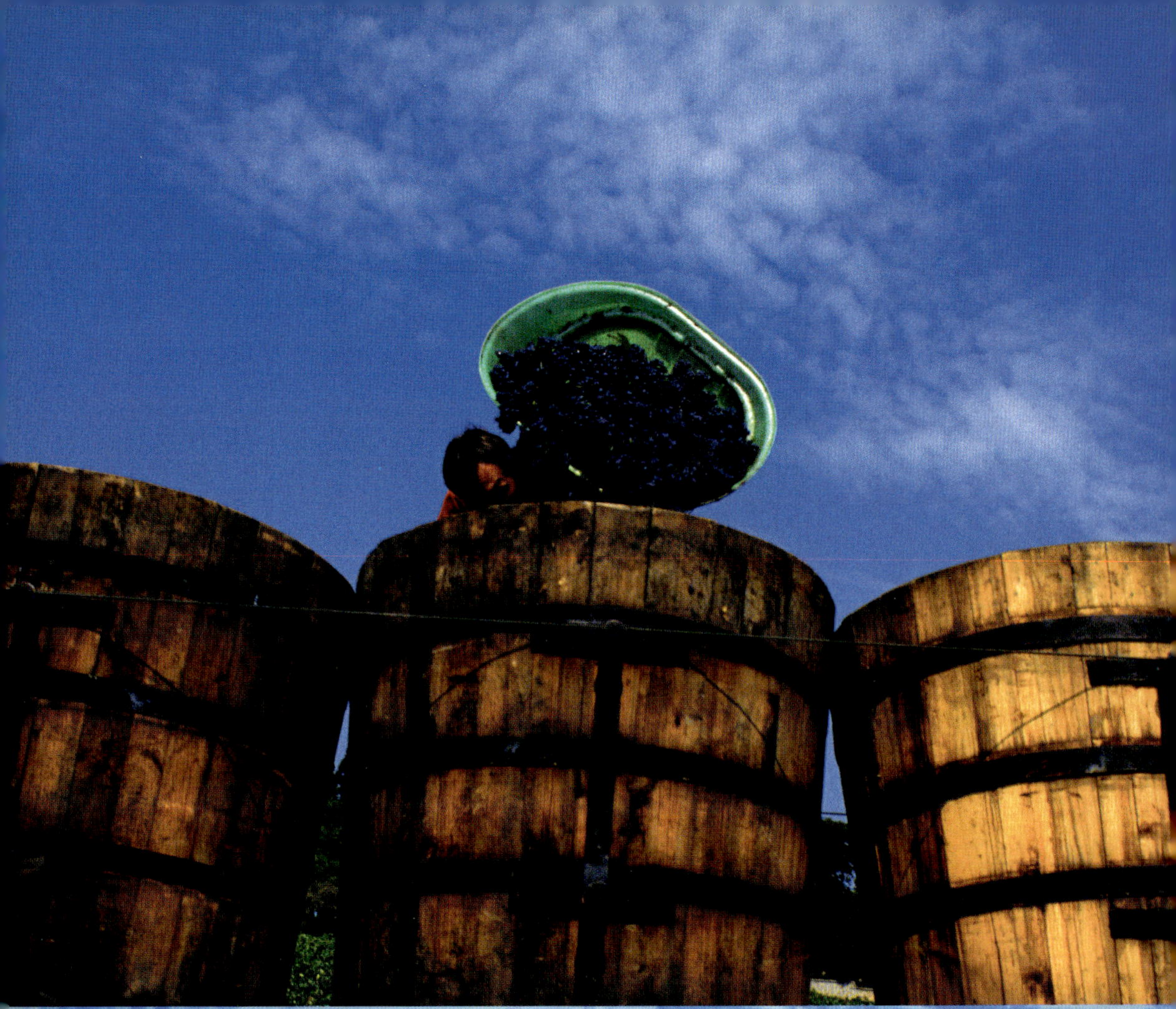

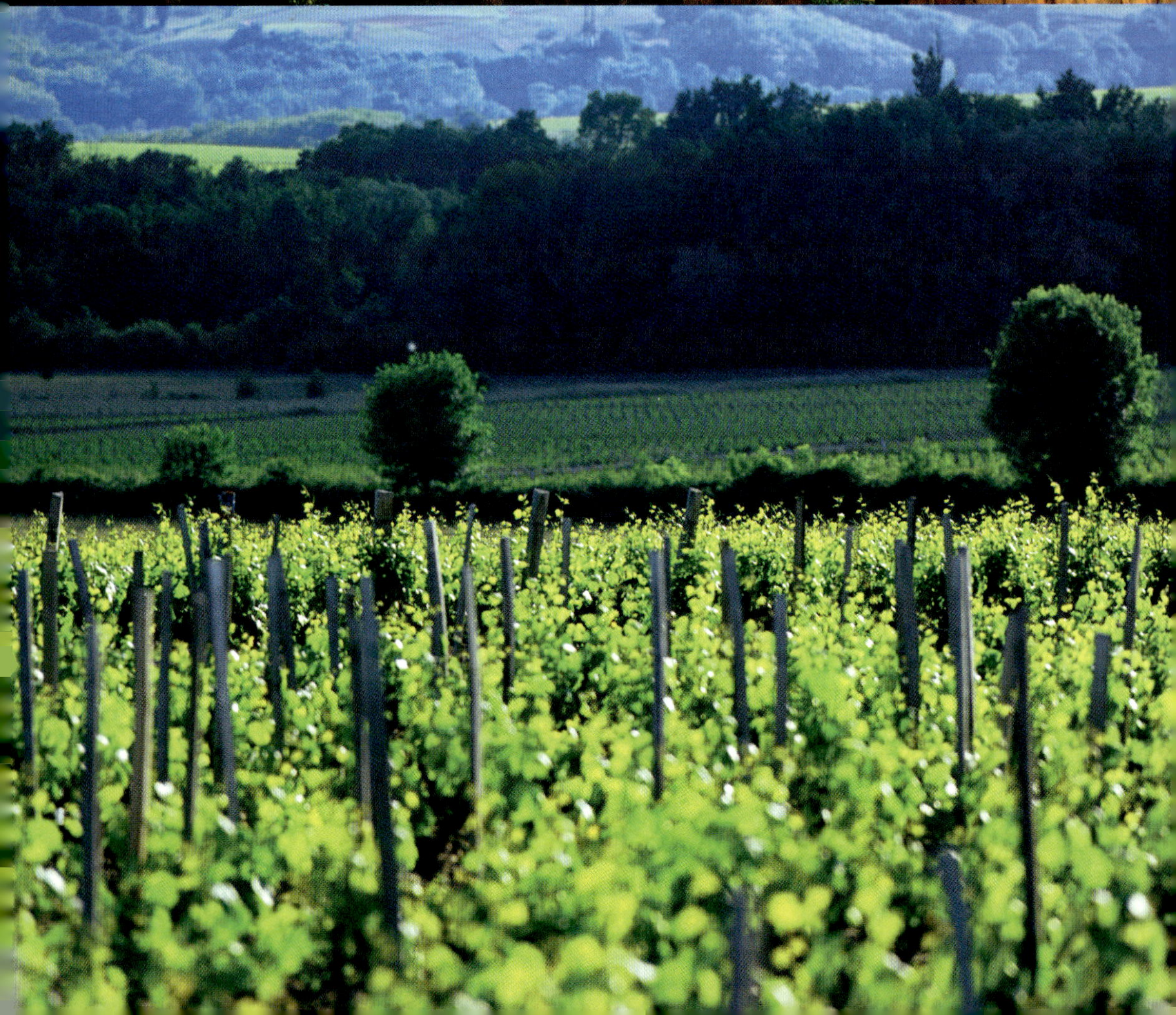

6 DOMAINES atypiques

Domaine Laurent Martray*
BROUILLY

Rouge : 10 hectares.
Gamay 100 %.
Production moyenne :
30 000 bt/an.

■ Brouilly Corentin 2007
Prix : B • rouge • 16,5
■ Brouilly Mas de Bagnols 2007
Prix : B • rouge • 16
■ Côte de Brouilly 2007
Prix : A • rouge • 15,5
■ Brouilly 2007
Prix : A • rouge • 15
■ Côte de Brouilly 2006
Prix : A • rouge • 15
■ Brouilly 2006
Prix : A • rouge • 13,5

✉ Domaine Laurent Martray
Combiaty
69460 Odenas

☎ 04 74 03 51 03
FAX 04 74 03 50 92
@ martray.laurent@akeonet.com
Sur rendez-vous
Laurent Martray

Ce jeune producteur, qui possède l'ensemble de son vignoble sur le coteau de Combiaty, produit des cuvées de toute beauté depuis quelques millésimes.
Les vins : le brouilly 2006 est un peu strict sur l'acidité en finale de bouche, mais sa trame reste digeste. Le 2007 développe beaucoup plus de fruit, avec une matière plus dense mais aussi des tanins et une acidité plus intégrés. Laurent Martray offre également ses services en tant que consultant, et son premier essai est tout à fait réussi : le brouilly Mas de Bagnols est superbe. Le fruit est juteux, souligné par un beau boisé délicat, tandis que la bouche est cohérente et racée ; l'ensemble donne du plaisir. La cuvée Corentin 2007 est elle aussi pleine et concentrée, tout en possédant une maîtrise de l'élevage supérieure. Nous constatons que le côte-de-brouilly 2007 est bien dans son millésime. C'est un vin sérieux, fidèle au terroir de la côte dès sa prime jeunesse. Le 2006, sur le fruit, arbore une texture souple et facile. Le vin a perdu de sa dureté et le fruit donne tout son éclat, mais la matière est quand même moins dense qu'en 2007.

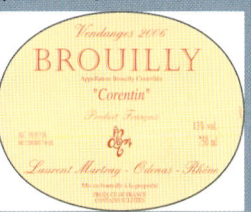

A = moins de 10 € • B = de 10 à 15 € • C = plus de 15 € • nc = non communiqué

Domaine Emile Cheysson
CHIROUBLES

Rouge : 26 hectares.
Gamay 100 %.
Production moyenne :
125 000 bt/an.

■ Chiroubles Prestige 2005
Prix : A • rouge • 15
■ Chiroubles La Secrète 2005
Prix : C • rouge • 14,5
■ Chiroubles Traditionnelle 2007
Prix : A • rouge • 13,5

✉ Domaine Emile Cheysson
Clos Les Farges
69115 Chiroubles

☎ 04 74 04 22 02
FAX 04 74 69 14 16
@ domainecheysson@orange.fr
Tous les jours de 8 h à 12 h et de 13 h 30 à 18 h
Jean-Pierre Large

Fondé en 1870 par Emile Cheysson, ce domaine spécialiste du cru Chiroubles est désormais géré par Jean-Pierre Large. Amateur de vins légers, digestes mais sans verdeur, il dispose d'un vignoble intelligemment réparti.
Les vins : le chiroubles 2007, sur le fruit et le poivré, se définit par une texture de demi-corps, mais l'ensemble est élégant. Le Prestige 2005 impose sa concentration, sans perdre la fraîcheur du fruit ; l'ensemble est savoureux, la bouche pleine. La Secrète 2005, dominée par le boisé, évoque le sapin, certainement à cause d'un mauvais choix de bois.

Ci-contre, en haut : Saint-Amour, vendanges.
Ci-contre, en bas : Saint-Amour.

▶ **C**hoisir

Domaine **Georges Descombes**
MORGON

Rouge : 13 hectares.
Gamay 100 %.
Production moyenne :
60 000 bt/an.

■ Bordeaux Supérieur Réserve du Château 2007
Prix : B • rouge • 15,5
■ Morgon Vieilles Vignes 2005
Prix : B • rouge • 16
■ Morgon Manon 2005
Prix : nc • rouge • 15,5
■ Brouilly Vieilles Vignes 2005
Prix : B • rouge • 14,5
■ Bordeaux Supérieur Réserve du Château 2005
Prix : B • rouge • 15

✉ Georges Descombes
Vermont
69910 Villié-Morgon

☎ 04 74 69 16 67
FAX 04 74 69 16 40
@ descombesgeorges@orange.fr
Sur rendez-vous
Georges Descombes

Adepte des vinifications naturelles (c'est-à-dire avec un apport minimum de soufre), Georges Descombes produit des vins au fruité généreux et d'une grande gourmandise. Il possède également un joli patrimoine de vieilles vignes à Morgon et à Brouilly.
Les vins : le millésime 2005 tient toutes ses promesses, les vins possèdent un fruité intense, fidèle à l'expression du cépage dans ce style très pur, proche du raisin. Le brouilly Vieilles Vignes regorge de fruits rouges ; le style, à la fois concentré et digeste, en fait un vin harmonieux. Le morgon 2005 possède une bonne concentration, la fraîcheur du fruit s'exprime comme un coulis de griottes. Le morgon Vieilles Vignes 2005 est une superbe cuvée intense, possédant de la puissance tout en gardant ce côté savoureux et aimable. Il faut quand même signaler que ce type de vin demande un minimum d'attention dans la conservation et les températures de service pour en profiter pleinement.

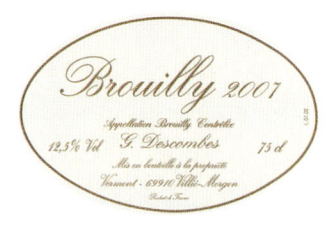

A = moins de 10 € • **B** = de 10 à 15 € • **C** = plus de 15 € • **nc** = non communiqué

Domaine **Jean-Claude Lapalu**
BEAUJOLAIS-VILLAGES

Rouge : 12 hectares.
Gamay 100 %.
Production moyenne :
60 000 bt/an.

■ Brouilly La Croix des Rameaux 2006
Prix : B • rouge • 17
■ Brouilly Vieilles Vignes 2007
Prix : B • rouge • 15
■ Beaujolais-Villages La Tentation 2007
Prix : A • rouge • 14
■ Beaujolais-Villages Le Rang du Merle 2006
Prix : C • rouge • 13,5

✉ Jean-Claude Lapalu
Le Petit Vernay
69460 Saint-Étienne la Varenne

☎ 04 74 03 50 57
FAX 04 74 03 49 53
@ jean-claudelapalu@wanadoo.fr
Sur rendez-vous
Jean-Claude Lapalu

Le virage amorcé à la vigne il y a quelques années, pour aller vers des vins aussi sains et purs que possible, porte ses fruits aujourd'hui. On trouve chez Jean-Claude Lapalu deux styles de vins : une tendance à un fruité plus confit dans Le Rang du Merle et la Cuvée des Fous, une meilleure précision de définition dans les cuvées Vieilles Vignes et Croix des Rameaux.
Les vins : le style du domaine est respecté. Nous sommes attentifs à l'identité des vins et saluons la recherche de maturité et de concentration, qui demande forcément des efforts sur les rendements et une prise de risques sur la date des vendanges. Une protection supplémentaire sur certaines cuvées leur donnerait en revanche un peu plus de précision ; c'est le seul reproche que l'on puisse faire. La Cuvée des Fous est touchée par les brettanomyces (levures apportant des odeurs animales désagréables). Le Rang du Merle est dominé par le fruit confit et figué, mais de légères notes volatiles s'installent. Le beaujolais La Tentation est juteux, gourmand et équilibré. Le brouilly Vieilles Vignes est étoffé, doté d'un joli fruit, fringant et digeste. La Croix des Rameaux est superbe, d'une parfaite maturité tout en conservant fraîcheur et finesse.

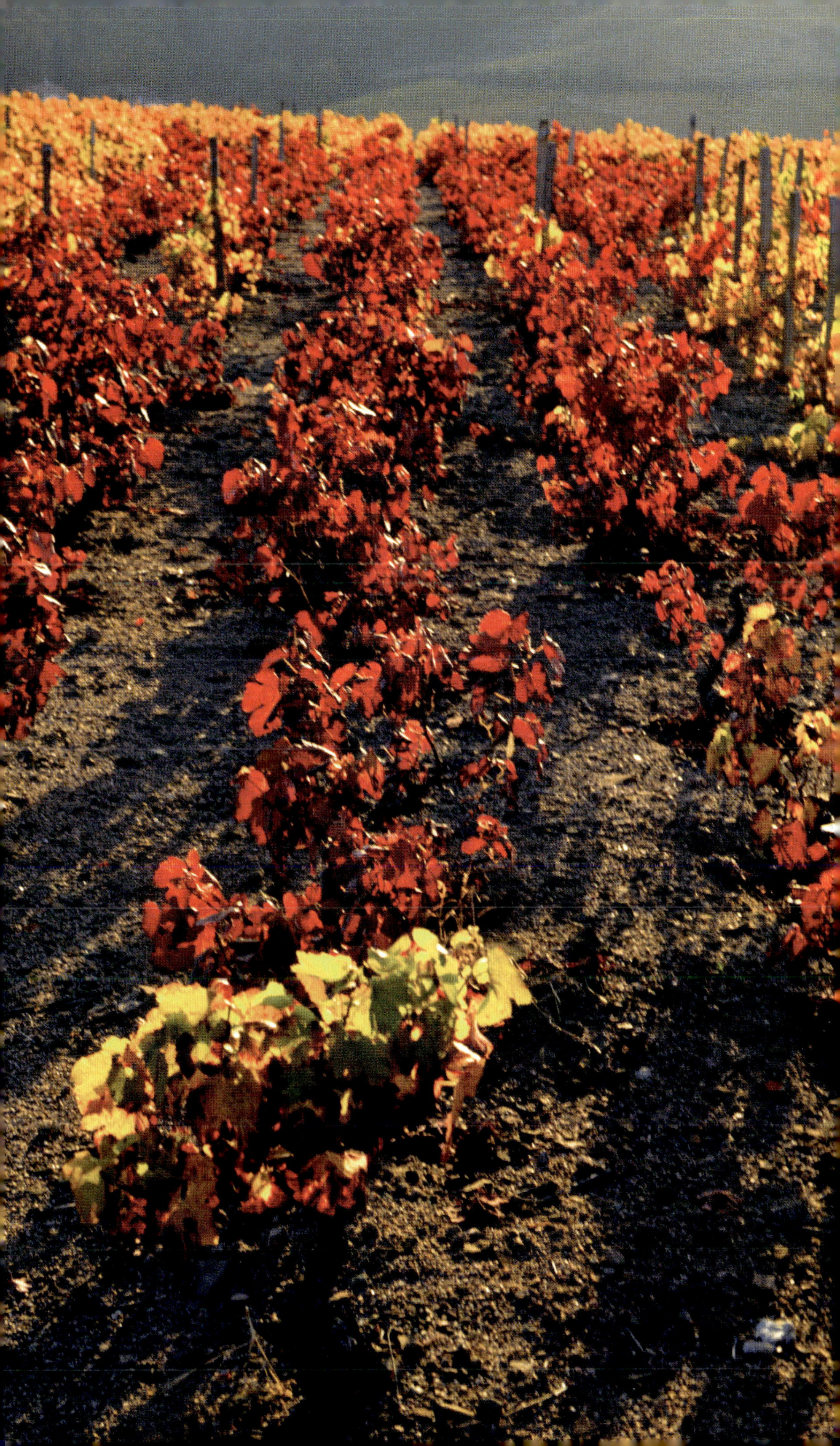

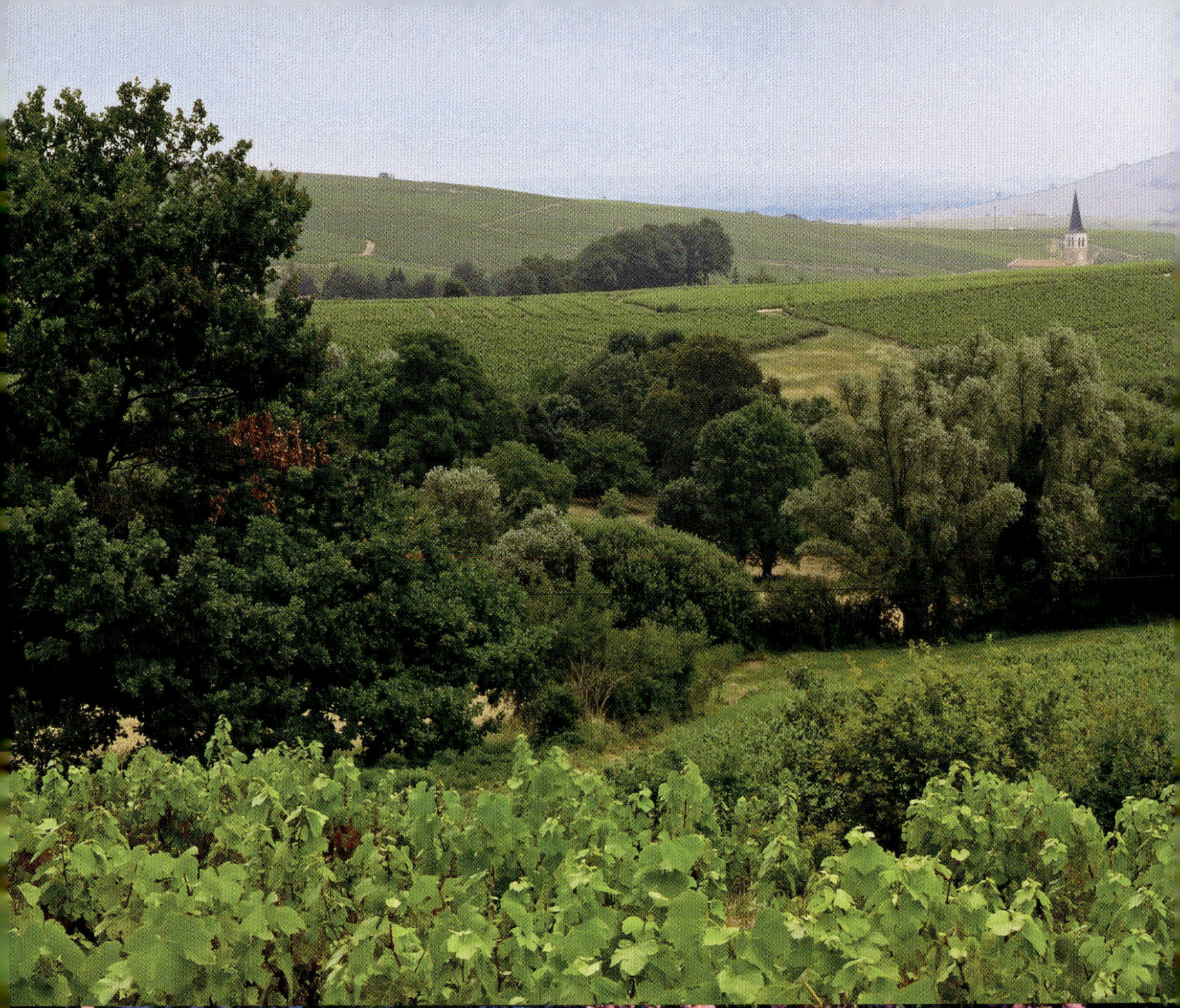
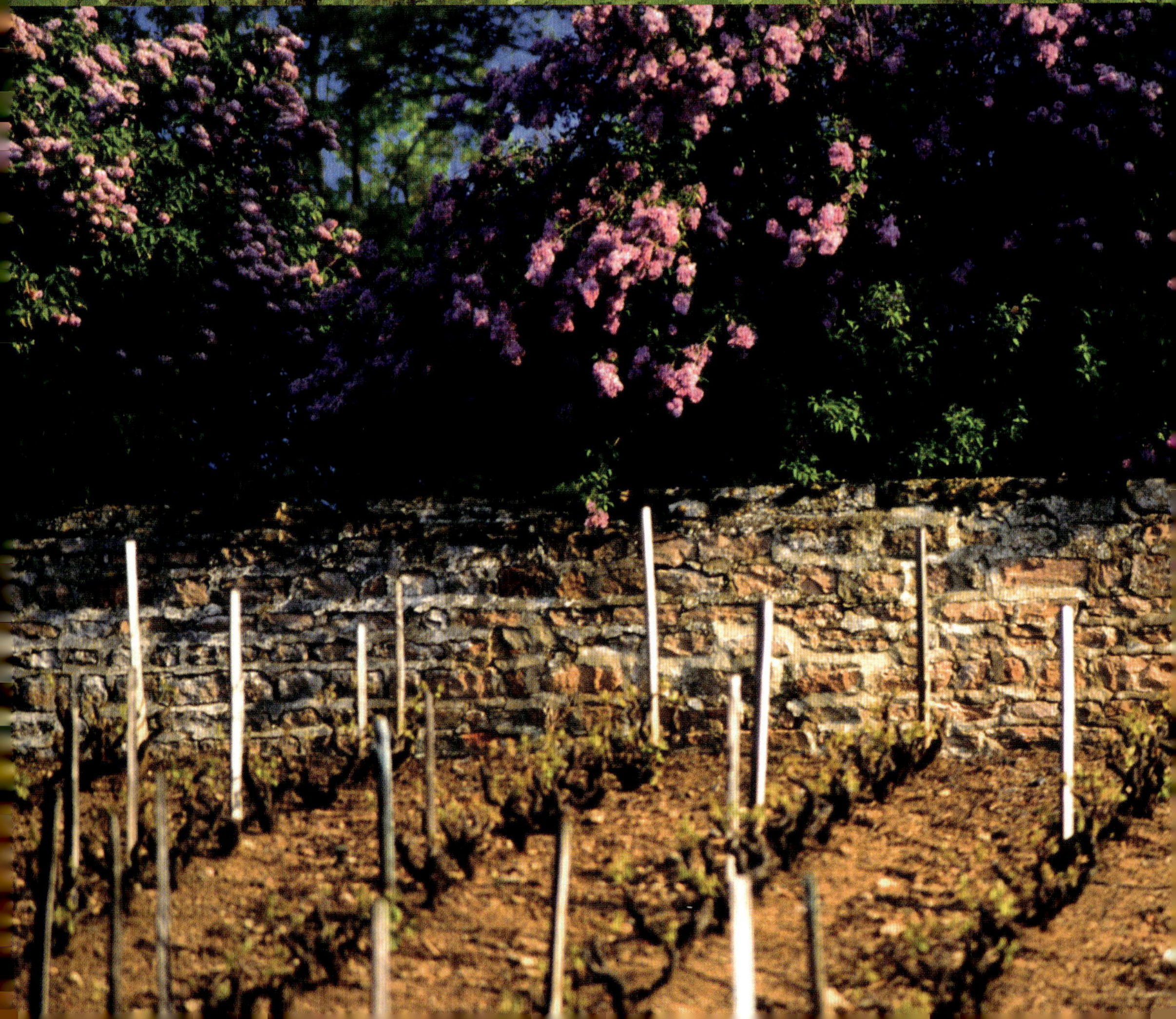

6 DOMAINES atypiques

Domaine **Robert Perroud**
CÔTE DE BROUILLY

Rouge : 12 hectares.
Gamay 100 %.
Blanc : 1 hectare.
Production moyenne :
63 000 bt/an.

■ Côte de Brouilly La Fournaise du Pérou 2006
Prix : B • rouge • 15,5
■ Côte de Brouilly Vieilles Vignes 2006
Prix : B • rouge • 14,5
■ Brouilly L'Enfer des Balloquets 2007
Prix : A • rouge • 13,5

✉ Domaine Robert Perroud
   Les Balloquets
   69460 Odenas

☎ 04 74 04 35 63
FAX 04 74 04 35 63
@ robertperroud@wanadoo.fr
SITE www.terroirs-originels.com
   Sur rendez-vous
   Robert Perroud

Robert Perroud est de cette jeune génération motivée qui cherche à réaliser des cuvées marquées par le terroir. Cette petite cave possède quelques-unes des plus belles parcelles en Brouilly et Côte de Brouilly. La constance et la régularité dans les derniers millésimes positionnent légitimement le domaine dans ce guide.
Les vins : L'Enfer des Balloquets, doté d'un fruit juteux, est simple mais équilibré, dans un style facile et friand. Le Vieilles Vignes est épicé, floral sur la violette, doté d'une bouche solide de bonne envergure, avec une certaine fermeté ; l'ensemble est charnu sans être rustique. La Fournaise est le vin le plus étoffé, pourvu d'une bonne dimension associant maturité et fraîcheur. Une belle réussite pour le millésime.

A = moins de 10 € • **B** = de 10 à 15 € • **C** = plus de 15 € • **nc** = non communiqué

Domaine **des Pierres**
SAINT-AMOUR

Rouge : 10,5 hectares.
Gamay 100 %.
Blanc : 0,63 hectare.
Production moyenne :
30 000 bt/an.

■ Chénas 2007
Prix : A • rouge • 14,5
■ Saint-Amour 2007
Prix : A • rouge • 13,5

✉ Domaine des Pierres
   2775, route de Juliénas
   71570 La Chapelle de Guinchay

☎ 03 85 36 70 70
FAX 03 85 33 82 31
   Tous les jours de 8 h à 12 h
   et de 14 h à 20 h
   Georges Trichard

Georges Trichard est loin d'être un inconnu. Passionné, doté d'un caractère bien trempé, il est l'une des figures du Beaujolais. Ses vins offrent une parfaite définition, souvent honorés dans les concours. Le saint-amour brille par son fruit et sa souplesse. Amples et charnus, les chénas n'ont rien à envier aux grands moulin-à-vent. Les cuvées élevées en fûts de chêne sont élaborées avec une grande maîtrise et un bon respect du fruit.
Les vins : un saint-amour de plaisir immédiat, souple, agréable, au fruit flatteur. Le vin est de demi-puissance, fidèle au millésime, mais l'ensemble est facile et digeste. Le chénas est plus plein, tout en restant équilibré ; une bonne gestion de l'élevage lui donne de la complexité, loin de toute caricature.

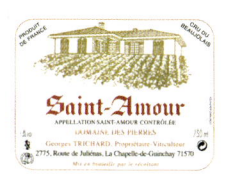

Ci-contre, en haut : Lantigné, un des meilleurs secteurs du beaujolais-villages.
Ci-contre, en bas : débourrement d'une vigne à Juliénas.

3 DOMAINES mythiques

Domaine **Louis-Claude Desvignes****
MORGON

Rouge : 13 hectares.
Gamay 100 %.
Production moyenne :
50 000 bt/an.

■ Morgon Côte du Py 2006
Prix : A • rouge • 16,5
■ Morgon Javernières 2006
Prix : A • rouge • 15,5
■ Morgon La Voûte Saint-Vincent 2006
Prix : A • rouge • 14

✉ Domaine Louis-Claude Desvignes
135, rue de la Voûte
69910 Villié-Morgon

☎ 04 74 04 23 35
FAX 04 74 69 14 93
@ louis.desvignes@wanadoo.fr
SITE www.louis-claude-desvignes.com
🕘 Du lundi au samedi de 8 h à 12 h et de 14 h à 19 h
    sur rendez-vous
👤 Louis-Claude Desvignes

Traditionaliste impénitent, Louis-Claude Desvignes incarne la septième génération de vignerons de sa famille. Son vignoble est idéalement situé au cœur de la célèbre Côte du Py, au centre de Morgon. Nous conseillons de garder les vins quelques années, car ils sont lents à s'ouvrir. Les 2002 et 2003 se montrent encore un peu « bruts de décoffrage », mais incroyablement typés dans l'expression de la minéralité du terroir.
Les vins : La Voûte séduit par son fruit, sa franchise et sa trame gouleyante, tout en possédant de beaux tanins bien intégrés. La cuvée Javernières est séveuse, avec une trame tendue et des tanins qui lui donnent du relief ; le vin est un peu serré mais le fruit reste agréable. Nous sommes impressionnés par l'envergure et la dimension de terroir du Côte du Py en 2006, d'une maturité supérieure : un vin toujours plus sphérique que le Javernières, où le fruit éclate en bouche. C'est l'une des plus belles réussites du millésime.

A = moins de 10 € • B = de 10 à 15 € • C = plus de 15 € • nc = non communiqué

Domaine **du Vissoux****
BEAUJOLAIS

Rouge : 29 hectares.
Gamay 100 %.
Blanc : 1 hectare.
Chardonnay 100 %.
Production moyenne :
250 000 bt/an.

■ Fleurie Les Garants 2007
Prix : B • rouge • 16
■ Moulin-à-Vent Les Trois Roches 2007
Prix : B • rouge • 15,5
■ Beaujolais Cœur de Vendanges 2007
Prix : B • rouge • 15
■ Brouilly Pierreux 2007
Prix : B • rouge • 15
■ Beaujolais Traditionnelle Vieilles Vignes 2007
Prix : A • rouge • 14

✉ Domaine du Vissoux
69620 Saint-Vérand

☎ 04 74 71 79 42
FAX 04 74 71 84 26
@ domaineduvissoux@chermette.fr
SITE www.chermette.fr
🕘 Du lundi au samedi
    sur rendez-vous
👤 Pierre-Marie
    et Martine Chermette

Régulier au plus haut niveau depuis plusieurs millésimes, ce domaine est exemplaire. La qualité des vins produits par Pierre-Marie Chermette ne compte pratiquement aucun équivalent, tant leur profondeur et leur définition les placent au-dessus du lot. Les efforts de culture consentis depuis cinq ou six ans donnent désormais de tels dividendes que cela devrait faire réfléchir toute la profession !
Les vins : on savait que, sur le millésime 2007, la région des Terres Dorées avait bien réussi, mais la cuvée Cœur de Vendanges est tout bonnement superbe ; un véritable exemple de concentration tout en finesse, pour une simple appellation comme Beaujolais. Ce vin possède toutes les vertus : il est gourmand, sincère et pourvu d'une texture veloutée. Un vrai vin de soif, complet et de plaisir immédiat. Le Pierreux se livre avec une bonne texture étoffée ; le vin est concentré, sans lourdeur et la persistance est intéressante. Le fleurie Les Garants possède cette classe qui signe les grands vins du Beaujolais. Le moulin-à-vent Les Trois Roches est tout aussi riche et savoureux, mais les tanins ne sont pas encore tout à fait intégrés ; l'ensemble est sérieux mais demande à se fondre davantage.

Ci-contre : Juliénas.

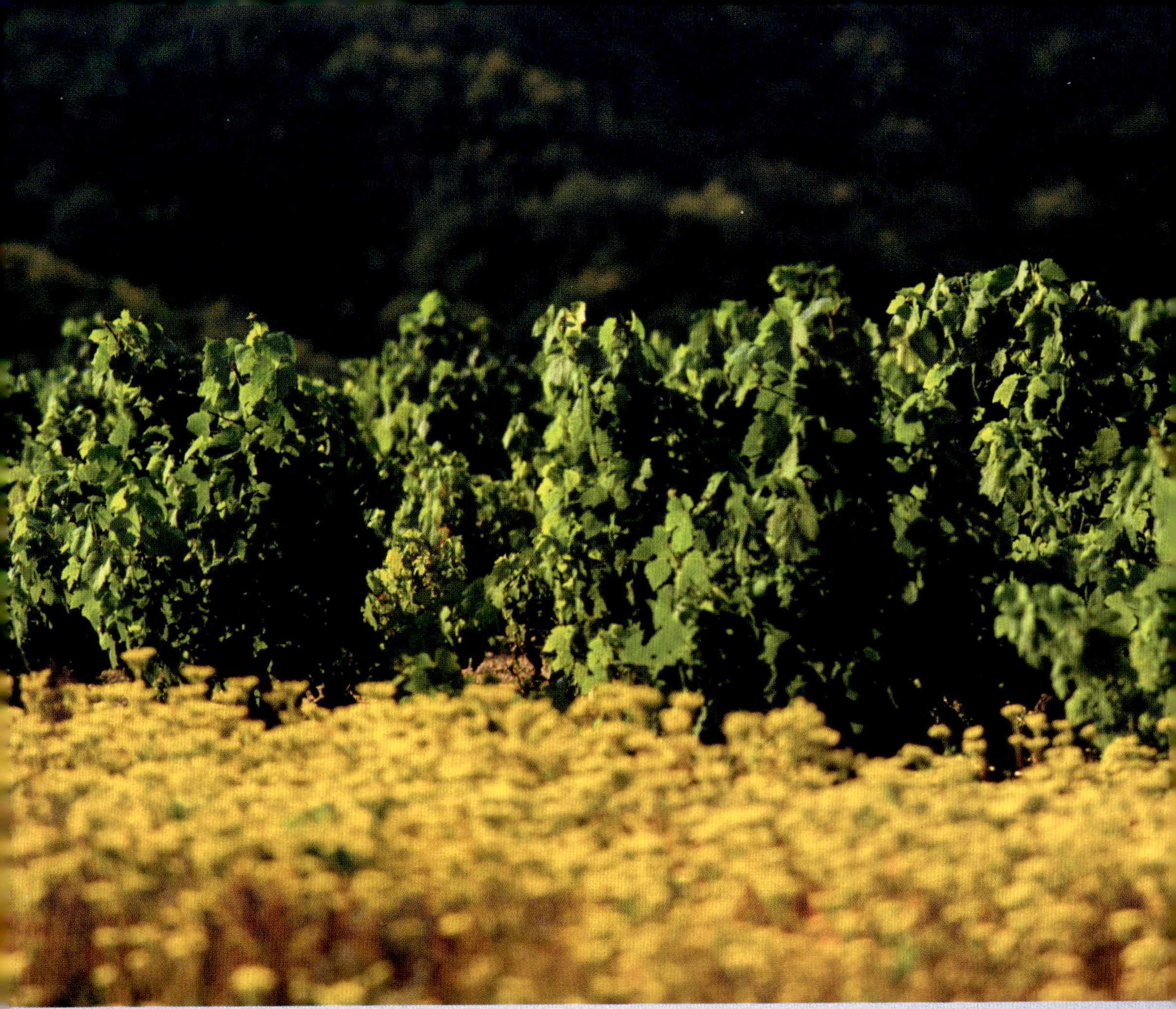
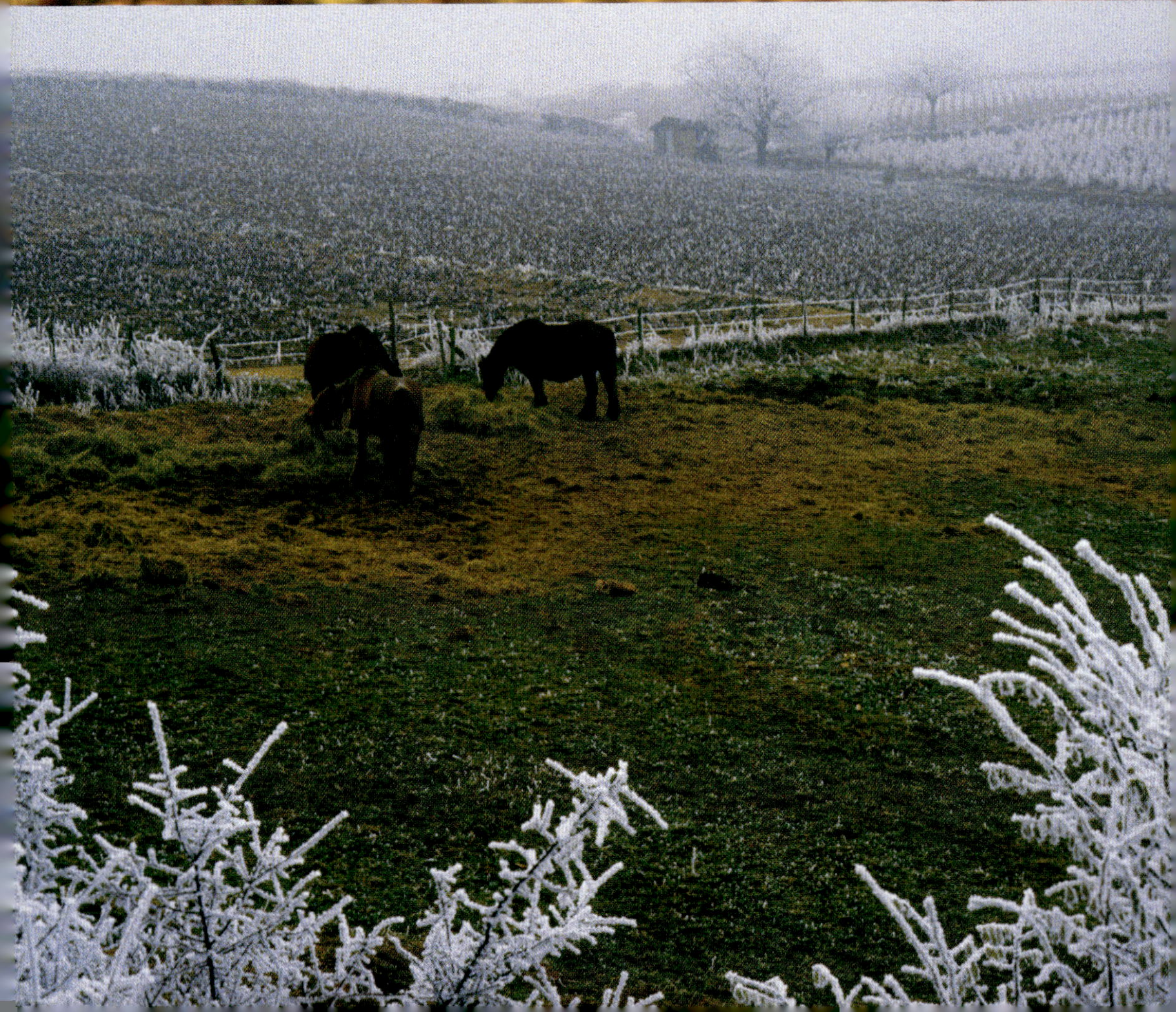

3 DOMAINES mythiques

Domaine **Dominique Piron***
CORNAS

Rouge : 43 hectares.
Gamay 100 %.
Blanc : 2 hectares.
Chardonnay 100 %.
Production moyenne :
180 000 bt/an.

- Morgon Côte du Py 2006
  Prix : A • rouge • 16,5
- Moulin-à-Vent Vignes du Vieux Bourg 2006
  Prix : A • rouge • 16,5
- Chénas Quartz Domaine Piron-Lameloise 2006
  Prix : B • rouge • 16
- Brouilly Domaine de Combiaty 2007. Prix : A • rouge • 13,5

✉ Domaine Dominique Piron
    Morgon
    69910 Villié-Morgon

☎ 04 74 69 10 20
FAX 04 74 69 16 65
@ dominiquepiron
    @domaines-piron.fr
SITE www.domaines-piron.fr

Du lundi au samedi de 9 h à 18 h

Dominique Piron

Les vins de ce producteur perfectionniste méritent largement l'intérêt des amateurs en quête de beaujolais solides et amples. La remarquable cuvée Quartz, créée en 2003, est d'une dimension spectaculaire. A ne pas manquer.

Les vins : une belle réussite sur les 2006 ; une année d'évolution leur a été bénéfique. Le chénas Quartz est minéral à souhait, avec une superbe matière. Le moulin-à-vent se donne avec beaucoup plus de soyeux et de velouté aujourd'hui ; le vin est encore sur le fruit, avec une matière noble, concentrée, tout en finesse. Le Côte du Py est riche et séveux, doté d'une bonne mâche dans un ensemble qui demande encore à se fondre. Petite déception sur le brouilly Combiaty 2007, qui manque un peu de fond.

A

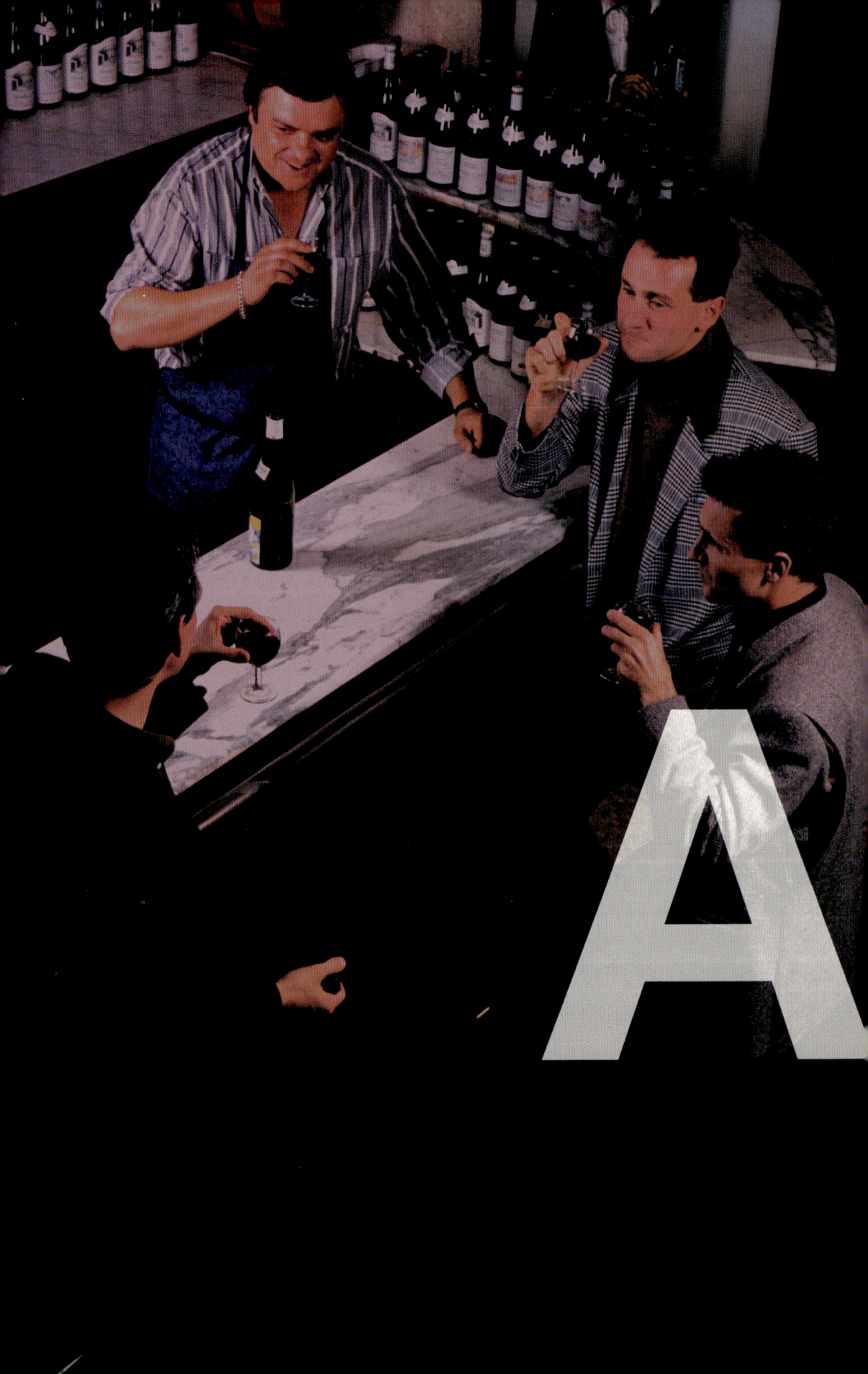

4
Acheter

Les bons cavistes de la région	56
Acheter des vins à **la propriété**	58
La cote des vins	60

▶ **A**cheter

Les bons cavistes de la région

Dans le Rhône, à Lyon et en Saône-et-Loire, de nombreux cavistes proposent à la vente les vins de la région. Voici une sélection des meilleures adresses.

ECULLY
Caves Frédéric Schaaf
L'une des meilleures adresses de la région lyonnaise. Plus de 800 références de crus des principales appellations françaises. Très belle sélection de spiritueux.
11, rue Luizet, 69130 Ecully – Tél. : 04 72 18 92 15

LYON
La Cave d'à côté
La cave compte 300 références de toutes régions, avec de nombreuses trouvailles pointues et originales. Egalement bar à vins (Wine Bar d'à côté).
5, rue Pleney, 69001 Lyon – Tél. : 04 78 39 61 85

Cave Malleval
Une adresse incontournable à Lyon. 3 200 références de toutes régions dont Rhône, Bourgogne, Bordeaux, Champagne. 1 500 spiritueux dont un siècle d'armagnacs.
11, rue Emile-Zola, 69002 Lyon – Tél. : 04 78 42 02 07

Lyon di'vin
Un caviste très ouvert sur les vins du monde et sur les autres régions de France. 200 références de spiritueux.
6, rue de la Charité, 69002 Lyon – Tél. : 04 78 42 86 87

Côté vin…
Des bouteilles de toutes régions, dont de belles découvertes à faire en vins de pays.
46, rue Franklin, 69002 Lyon – Tél. : 04 78 38 10 01

France Conseil Diffusion
Une adresse spécialisée dans les vins de la vallée du Rhône et de la Saône.
54, cours du Docteur-Long, 69003 Lyon
Tél. : 04 72 33 57 41

Cave Valmy
Une véritable caverne d'Ali Baba : 2 500 crus de toute la France et 600 spiritueux, dont 380 whiskies. Deux boutiques à Lyon.
5, rue d'Austerlitz, 69004 Lyon – Tél. : 04 78 30 14 60
27, place de Valmy, 69009 Lyon – Tél. : 04 78 83 71 68

Antic Wine
Pour les amoureux du vin, voici une adresse incroyable, avec 4 500 crus du Rhône et de Bourgogne, dont beaucoup de vieux millésimes, de raretés.
18, rue du Bœuf, 69005 Lyon – Tél. : 04 78 37 08 96

Vavro & Co
Toutes les régions viticoles sont représentées en ces lieux, ainsi qu'une belle sélection de spiritueux.
46, cours Franklin-Roosevelt, 69006 Lyon
Tél. : 04 37 24 00 33 – www.vavroandco.com

Vercoquin
Languedoc-Roussillon, Rhône, Loire et Beaujolais sont particulièrement bien mis en valeur dans cette cave qui est également un bar à vins.
33, rue de la Thibaudière, 69007 Lyon
Tél. : 04 78 69 43 87

Cave Gilles Granger
Des vins du Rhône, de Bourgogne, du Beaujolais et du Languedoc-Roussillon, des whiskies (200) et de la bière de Lyon (Ninkasi). Une bonne adresse.
15, rue Antoine-Lumière, 69008 Lyon
Tél. : 04 78 75 12 51

VILLEFRANCHE-SUR-SAONE
Le Tastevin
La meilleure adresse de la ville. Les vins de la région y sont particulièrement bien mis en avant.
129, rue Nationale, 69400 Villefranche-sur-Saône
Tél. : 04 74 68 28 16

ROMANECHE-THORINS
Terroir, vignes et millésimes
Au cœur du vignoble, cette maison propose des crus de Bourgogne, du Beaujolais, de Bordeaux, mais aussi de vieux millésimes.
Maison Blanche, 71570 Romanèche-Thorins
Tél. : 03 85 35 57 12

Ci-dessus : Juliénas.

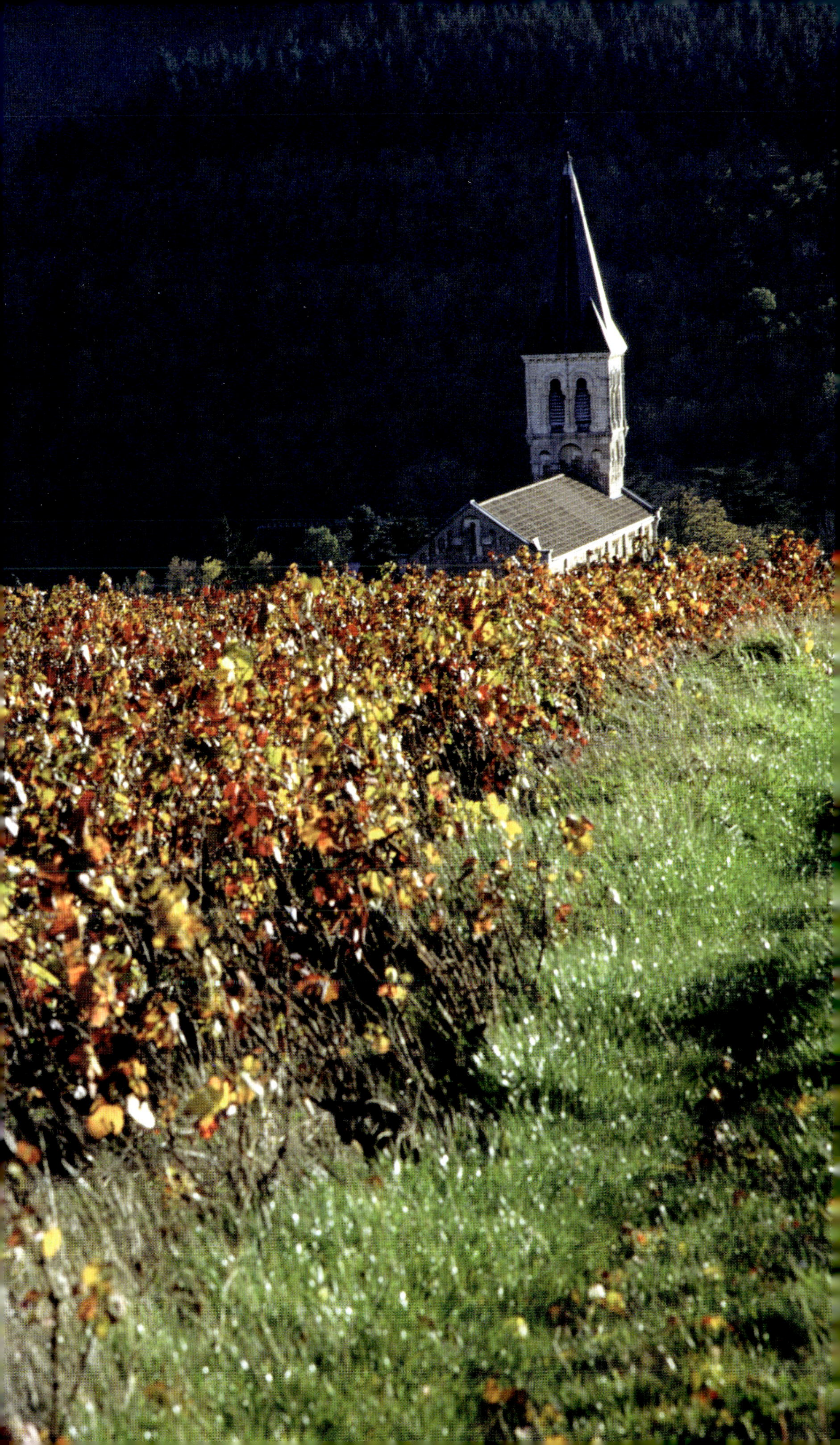

▶ Acheter

Acheter des vins à la propriété

En Beaujolais, la plupart des propriétés ouvrent leurs portes aux visiteurs et vendent leur vin en direct. Toutefois, mieux vaut téléphoner avant pour prendre rendez-vous et savoir si le vin recherché est encore disponible.

BEAUJOLAIS
Maison Coquard
Sur rendez-vous. A partir de 5,80 €.
Hameau Le Boîtier, 69620 Theizé-en-Beaujolais
Tél. : 04 74 71 11 59 – www.maison-coquard.com

Domaine du Vissoux
Ouvert du lundi au samedi sur rendez-vous. A partir de 7 €.
69620 Saint-Vérand – Tél. : 04 74 71 79 42
www.chermette.fr

BEAUJOLAIS-VILLAGES
Domaine Jean-Paul Dubost
Ouvert tous les jours de 8 h à 12 h et de 14 h à 18 h. A partir de 14 €.
Le Tracot, 69430 Lantignié – Tél. : 04 74 04 87 51
www.domaine-dubost.com

Jean-Claude Lapalu
Uniquement sur rendez-vous. A partir de 8 €.
Le Petit Vernay, 69460 Saint-Etienne-la-Varenne
Tél. : 04 74 03 50 57 – jean-claudelapalu@wanadoo.fr

Domaine des Nugues
Ouvert tous les jours de 8 h à 12 h et de 13 h à 19 h. A partir de 5,50 €.
Les Pasquiers, 69220 Lancié – Tél. : 04 74 04 14 00
www.domainedesnugues.com

Domaine Jean-Charles Pivot
Ouvert tous les jours de 9 h à 12 h et de 14 h à 18 h. A partir de 6 €.
69430 Saint-Didier-sur-Beaujeu
Tél. : 04 74 04 30 32 – jcpivot@club-internet.fr

BROUILLY
Château de la Chaize
Ouvert du lundi au vendredi de 9 h à 12 h et de 14 h à 17 h, le week-end sur rendez-vous. A partir de 7,70 €.
69460 Odenas – Tél. : 04 74 03 41 05
www.chateaudelachaize.com

Domaine Laurent Martray
Uniquement sur rendez-vous. A partir de 8 €.
Combiaty, 69460 Odenas – Tél. : 04 74 03 51 03
martray.laurent@akeonet.com

CHENAS
Domaine Hubert Lapierre
Ouvert tous les jours de 9 h à 12 h et de 14 h à 19 h, de préférence sur rendez-vous. A partir de 5,70 €.
71570 La Chapelle-de-Guinchay – Tél. : 03 85 36 74 89
www.domaine.lapierre.com

Domaine Bernard Santé
Ouvert du lundi au samedi de 9 h à 12 h30 et de 14 h à 19 h et le dimanche sur rendez-vous. A partir de 6,50 €.
Route de Juliénas, 71570 La Chapelle-de-Guinchay
Tél. : 03 85 33 82 81 – earl.santebernard@wanadoo.fr

CHIROUBLES
Domaine Emile Cheysson
Ouvert tous les jours de 8 h à 12 h et de 13 h30 à 18 h. A partir de 7,35 €.
Clos Les Farges, 69115 Chiroubles
Tél. : 04 74 04 22 02 – dcheysson@terre-net.fr

COTE DE BROUILLY
Château Thivin
Ouvert du lundi au samedi de 10 h à 12 h30 et de 14 h à 19 h. A partir de 7,50 €.
La Côte de Brouilly, 69460 Odenas
Tél. : 04 74 03 47 53 – www.chateau-thivin.com

FLEURIE
Domaine Chignard
Ouvert du lundi au samedi de 8 h à 12 h et de 14 h à 19 h. A partir de 7,80 €.
Le Point du Jour, 69820 Fleurie
Tél. : 04 74 04 11 87 – domaine.chignard@wanadoo.fr

MOULIN-A-VENT
Château des Jacques
Ouvert du lundi au samedi de 9 h à 19 h, sur rendez-vous. A partir de 10,50 €.
71570 Romanèche-Thorins – Tél. : 03 85 35 51 64
www.louis-jadot.com

Domaine Paul et Eric Janin
Ouvert du lundi au samedi de 9 h à 19 h et le dimanche sur rdv. A partir de 5,75 €.
71570 Romanèche-Thorins – Tél. : 03 85 35 52 80
www.vins-bourgogne-sud.com

MORGON
Domaine Daniel Bouland
Ouvert du lundi au samedi de 8 h à 20 h. A partir de 6 €.
Corcelette, 69910 Villié-Morgon – Tél. : 04 74 69 14 71
bouland.daniel@free.fr

Domaine Jean-Marc Burgaud
Ouvert tous les jours de 9 h à 12 h et de 14 h à 19 h, sur rendez-vous. A partir de 5,20 €.
Morgon, 69910 Villié-Morgon – Tél. : 04 74 69 16 10
www.jean-marc-burgaud.com

Ci-dessus : vignes autour de Chénas.

Georges Descombes
Ouvert du lundi au samedi sur rendez-vous. A partir de 12 €.
Vermont, 69910 Villié-Morgon – Tél. : 04 74 69 16 67
descombesgeorges@orange.fr

Domaine Louis-Claude Desvignes
Ouvert du lundi au samedi de 8 h à 12 h et de 14 h à 19 h sur rendez-vous. A partir de 6,50 €.
135, rue de la Voûte, 69910 Villié-Morgon
Tél. : 04 74 04 23 35 – www.louis-claude-desvignes.com

Domaine Dominique Piron
Ouvert du lundi au samedi de 9 h à 18 h.
A partir de 7,25 €.
Morgon, 69910 Villié-Morgon
Tél. : 04 74 69 10 20 – www.domaines-piron.fr

SAINT-AMOUR
Domaine des Pierres
Ouvert du lundi au vendredi de 8 h à 12 h et de 14 h à 20 h. A partir de 5,50 €.
2775, route de Juliénas,
71570 La Chapelle de Guinchay – Tél. : 03 85 36 70 70

▶ **A**cheter

La cote des vins

La cote constatée en 2008 des principaux crus de la région, concernant les meilleurs millésimes depuis quinze ans, dans les ventes aux enchères organisées en France.

	2006	2005
DOMAINE DU VISSOUX		
Beaujolais Les Griottes	7-9 €	8-10 €
Fleurie les Garants	12-14 €	12-14 €
Fleurie Poncié	11-13 €	11-13 €
Moulin-à-Vent Les Deux Roches	13-15 €	12-14 €
DOMAINE J.-M. DESPRES		
Fleurie Domaine de la Madone Prestige	8-10 €	10-12 €
Fleurie la Madonne Vieilles Vignes	12-15 €	12-15 €
MAISON GEORGES DUBŒUF		
Brouilly	5-6 €	5-6 €
Chiroubles	4-6 €	4-6 €
Fleurie	8-10 €	5-7 €
Morgon	6-8 €	8-10 €
Moulin-à-Vent fût de chêne	8-10 €	10-12 €
CHATEAU DES JACQUES - LOUIS JADOT		
Morgon Côte du Py Château les Lumières		15-18 €
Moulin-à-Vent Clos du Grand Carquelin	9-11 €	15-17 €
MOMMESSIN		
Côte de Brouilly Montemot "La montagne bleue"		10-12 €
Fleurie la Chapelle des Bois	9-11 €	10-12 €
Juliénas Esprit Thorin		8-9 €
Moulin-à-Vent les caves Montenot		10-12 €
Saint-Amour Montemot Trois Terroirs		10-12 €
DOMAINE GEORGES DESCOMBES		
Brouilly Vieilles Vignes	10-12 €	11-13 €
Morgon Manon	8-10 €	6-8 €
Morgon Vieilles Vignes		11-13 €
DOMAINE JEAN-PAUL DUBOST		
Brouilly la Bruyère	10-12 €	9-11 €
Morgon Ballofière	10-12 €	10-12 €
Moulin-à-Vent "en Brenay"	12-14 €	13-15 €

www.idealwine.com : les plus belles ventes aux enchères de vins et la cote de 60 000 références.

2004	2003	2002	2001	2000
6-8 €	8-10 €		4-5 €	
12-14 €	8-9 €	7-8 €	7-8 €	
11-13 €	7-8 €	6-8 €	6-9 €	
	8-10 €		7-8 €	
	14-15 €			
11-13 €	10-11 €	9-11 €		
4-6 €	5-7 €	5-6 €		5-6 €
4-6 €	5-6 €	5-6 €		4-6 €
5-7 €	6-8 €	6-8 €		6-8 €
6-8 €	6-8 €	6-8 €		8-10 €
7-9 €	7-9 €	7-9 €		8-10 €
	15-18 €	13-14 €		
9-11 €	14-16 €	13-14 €		15-16 €
10-12 €	12-15 €			
8-10 €	9-11 €			9-11 €
	8-10 €			
10-12 €	9-11 €			
9-10 €	11-13 €			
9-11 €				
5-7 €				
9-11 €				
8-10 €	7-9 €	7-8 €	6-8 €	
	7-8 €	6-7 €		

Calculées à partir des résultats de ventes aux enchères, les cotations iDealwine.com intègrent le prix d'adjudication au marteau, augmenté des frais de vente prélevés par le commissaire-priseur.

PIERRE-MARIE CHERMETTE
Vissoux

Les Griottes
Beaujolais
APPELLATION BEAUJOLAIS CONTRÔLÉE

12% alc./vol. Saint-Vérand F-69620
750 ml Product of France
www.chermette.fr
Contains sulfites
L0806

2007

5ervir

Comment **servir** et bien **déguster** ses vins	64
Accords parfaits	
Avocat et tomates cerises au cumin	66
Marinade à cru pour un cochon de lait	68
Terrine de faisan	70
Brochettes de poulet mariné au paprika	72

▶ Servir

Comment servir et bien déguster ses vins

Meilleur sommelier du monde 2000, Olivier Poussier nous livre, dans cette interview, tous ses secrets pour bien servir et déguster les vins dans de bonnes conditions.

conseils d'EXPERT

Olivier Poussier
meilleur sommelier du monde 2000

Quelle est la température de service idéale pour les vins du Beaujolais ?
Si fondamentalement il faut faire des différences entre les crus et les appellations génériques, il convient en général de servir ces vins entre 14 et 16 °C. Mais plus les vins sont structurés, comme ceux de Morgon ou de Moulin-à-Vent, plus il y a de tanins ; mieux vaut donc servir ces crus à 16 °C, alors que les beaujolais génériques seront plutôt servis à 14 °C.

Doit-on nécessairement les servir en carafe ?
Certains crus méritent d'être servis en carafe, notamment ceux qui ont besoin d'aération avant d'être dégustés, comme les vins de Fleurie, de Morgon, de Moulin-à-Vent, ainsi que ceux de Côte de Brouilly. Il faut également savoir que dans cette région sont produits un certain nombre de vins sans soufre. Plus fragiles, ces vins ont véritablement besoin d'oxygénation à l'ouverture de la bouteille, si bien qu'un carafage est vraiment nécessaire afin qu'ils « reprennent leurs esprits » et se livrent au meilleur de leur forme.

Peut-on boire ces vins dès leur prime jeunesse ou faut-il les laisser vieillir quelques années ?
Un peu comme les vins de Bourgogne, ceux du Beaujolais ont cette qualité de pouvoir être bus aussi bien dans leur jeunesse qu'après un très grand nombre d'années. Ils ont la faculté de toujours distiller une certaine gourmandise, grâce à des arômes de fruits. Pour moi, le Beaujolais est l'un des grands vignobles indispensables à la France. Ici, on se situe véritablement dans un esprit de convivialité, de soif de plaisir immédiat. C'est extraordinaire. Et il est dommage de voir cette banalisation du beaujolais à travers le beaujolais nouveau, alors que les beaux crus apportent de grands moments d'émotion, et possèdent également une très grande aptitude au vieillissement.

Comment ces vins vieillissent-ils sur le plan gustatif ?
On ne peut pas dire que tous les millésimes ni tous les crus vieillissent bien. Mais lorsque l'on a affaire à un vin bien constitué, dans une belle appellation, comme Fleurie, Morgon, Moulin-à-Vent, Côte de Brouilly ou Juliénas, et dans un beau millésime comme 2005 par exemple, alors les vins du Beaujolais peuvent vieillir admirablement. Les arômes de fruits rouges ou noirs persistent longtemps, puis évoluent vers des notes d'humus, de sous-bois, et non vers des arômes animaux comme on pourrait le penser.

Quelle est leur date d'apogée ?
Les crus les plus robustes comme Morgon, Moulin-à-Vent et même Côte de Brouilly peuvent vieillir jusqu'à 20 à 30 ans, dans de grands millésimes ; en revanche, sur des millésimes d'évolution rapide, leur apogée se situera autour de dix ans. Les crus comme Saint-Amour, Chénas, Régnié et Brouilly sont à boire dans les quatre à cinq ans qui suivent la vendange, les vins de Juliénas peuvent vieillir dix à quinze ans.

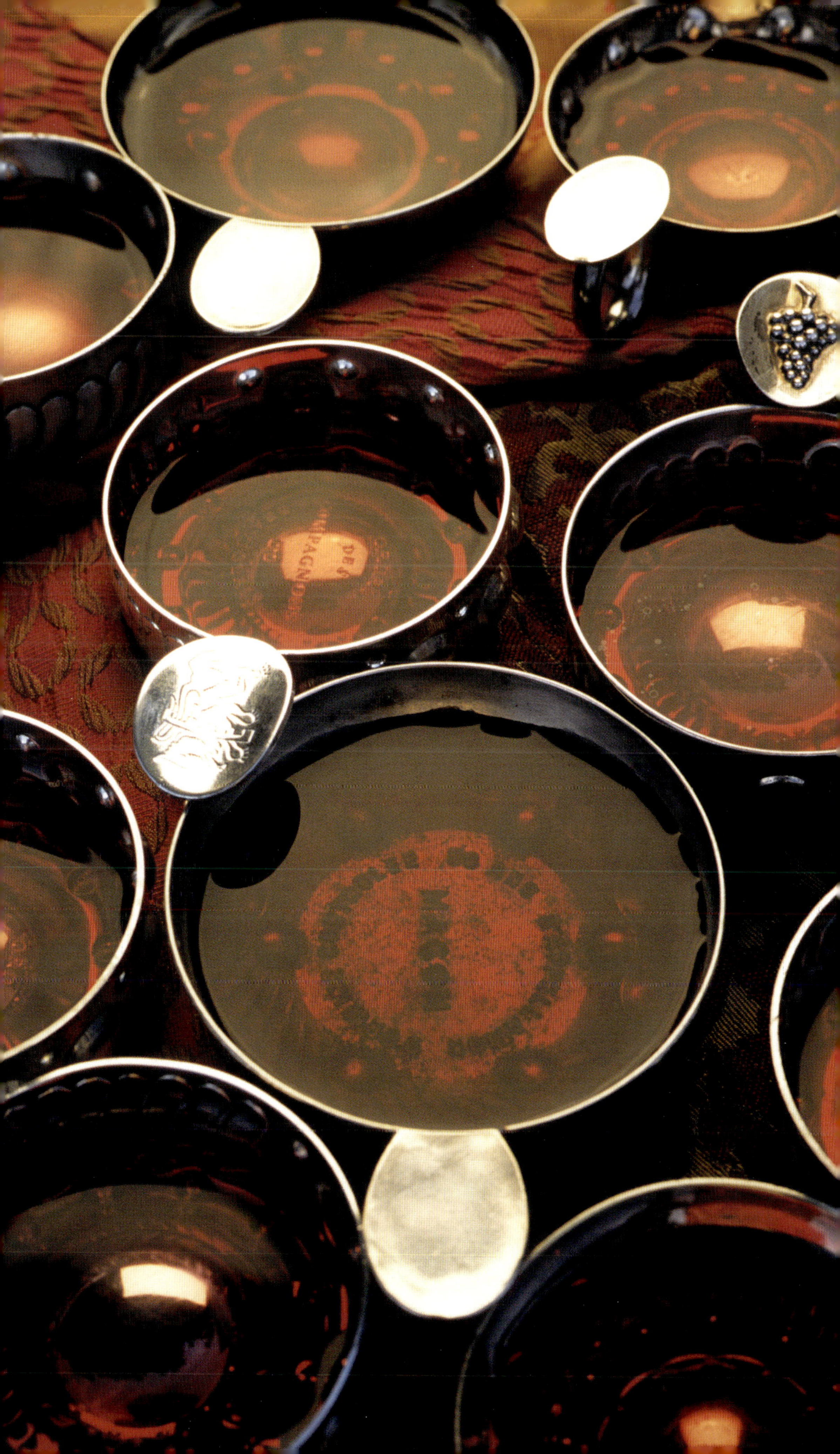

▶ Servir

Beaujolais
Accords parfaits

Le vin est un excellent convive. Voici quelques recettes choisies pour mettre à l'honneur toute la palette aromatique des vins de la région.

Frais, gourmands et fruités, les beaujolais sont avant tout des vins de soif agréables qui accompagnent à merveille charcuteries et cochonnailles. On les choisira alors jeunes et on les servira légèrement frais. Mais il serait dommage de cantonner les vins de cette région à la simple fonction de « canon à boire entre copains ». Certains crus du Beaujolais, tels Moulin-à-Vent ou Morgon, étant capables de produire des vins structurés, puissants et vieillissant remarquablement, peuvent légitimement s'associer à une cuisine plus ambitieuse. Après quelques années de garde, on sera souvent étonné de découvrir la complexité des meilleures cuvées de la région. Leurs notes d'épices et leur tenue en bouche permettent de les associer à de belles pièces de viandes ou à certains fromages à pâte cuite. Nul doute que plus d'un convive sera alors surpris de découvrir tout le potentiel de ces vins.

Avocat et tomates cerises au cumin

Réalisation : rapide et facile
Préparation : 15 minutes

Ingrédients

Pour 6 personnes
- 3 **avocats**
- 300 g de **tomates cerises**
- 1 gousse d'**ail**
- 1 cuillerée à café de **cumin** en poudre
- 2 cuillerées à soupe de **jus de citron vert**
- 2 cuillerées à soupe d'**huile d'olive**
- 2 cuillerées à soupe d'**huile de colza**
- 6 brins de **coriandre**
- **sel**

■ Suggestion d'accord
Beaujolais-villages
Voir page 78, 80

Recette

① Les légumes : peler l'ail. Rincer les tomates, les couper en deux. Couper les avocats en deux, retirer la peau et les noyaux, détailler la chair en cube.

② La sauce : dans un saladier, mélanger au fouet une pincée de sel, le cumin, les huiles, l'ail pressé et le jus de citron. Verser avocat et tomates dans le saladier, mélanger.

③ Pour servir : ciseler les brins de coriandre au-dessus de la salade.

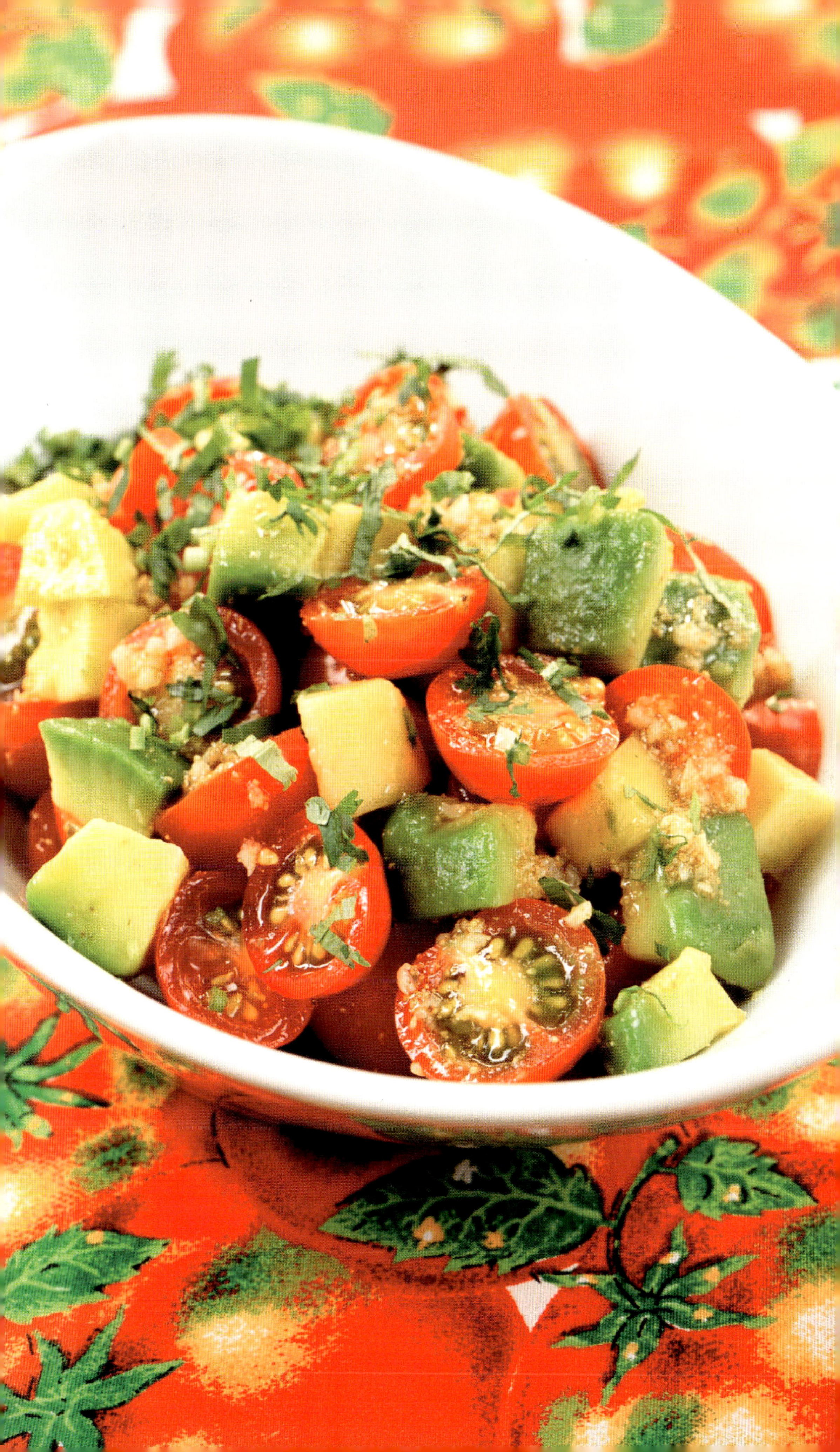

▶ Servir

Marinade à cru pour un cochon de lait

Marinade : 24 heures
Cuisson : 1 heure environ

Ingrédients

Pour 10 personnes
- Un **demi-cochon de lait** (de 2,5 kg à 3 kg)

MARINADE
- 5 **oignons**
- 20 feuilles de **laurier**
- 2,5 dl de **vinaigre de cidre**
- 5 cl d'**huile d'olive** (Espagne)
- 5 têtes d'**ail rose**
- 15 g de **cannelle**
- 5 clous de **girofle**
- 1 **étoile de badiane**
- 150 g de **sucre**
- **piment d'Espelette**

■ Suggestion d'accord
Moulin-à-vent
Voir page 80

Recette

① Préparer une marinade avec 4 litres d'eau, les oignons épluchés et émincés, les feuilles de laurier, le vinaigre de cidre, l'huile d'olive, les têtes d'ail rose coupées en deux, la cannelle, les clous de girofle, l'étoile de badiane, le sucre et 1 cuillerée à soupe de piment d'Espelette. Y mettre à mariner le demi-cochon de lait au frais pendant 24 h.

② Au bout de ce temps, l'égoutter, le faire cuire au four à bois de préférence ou au four traditionnel à 130-140 C° (th. 4-5) pendant 6 h.

③ Servir le cochon de lait bien doré avec pourpier et roquette en salade.

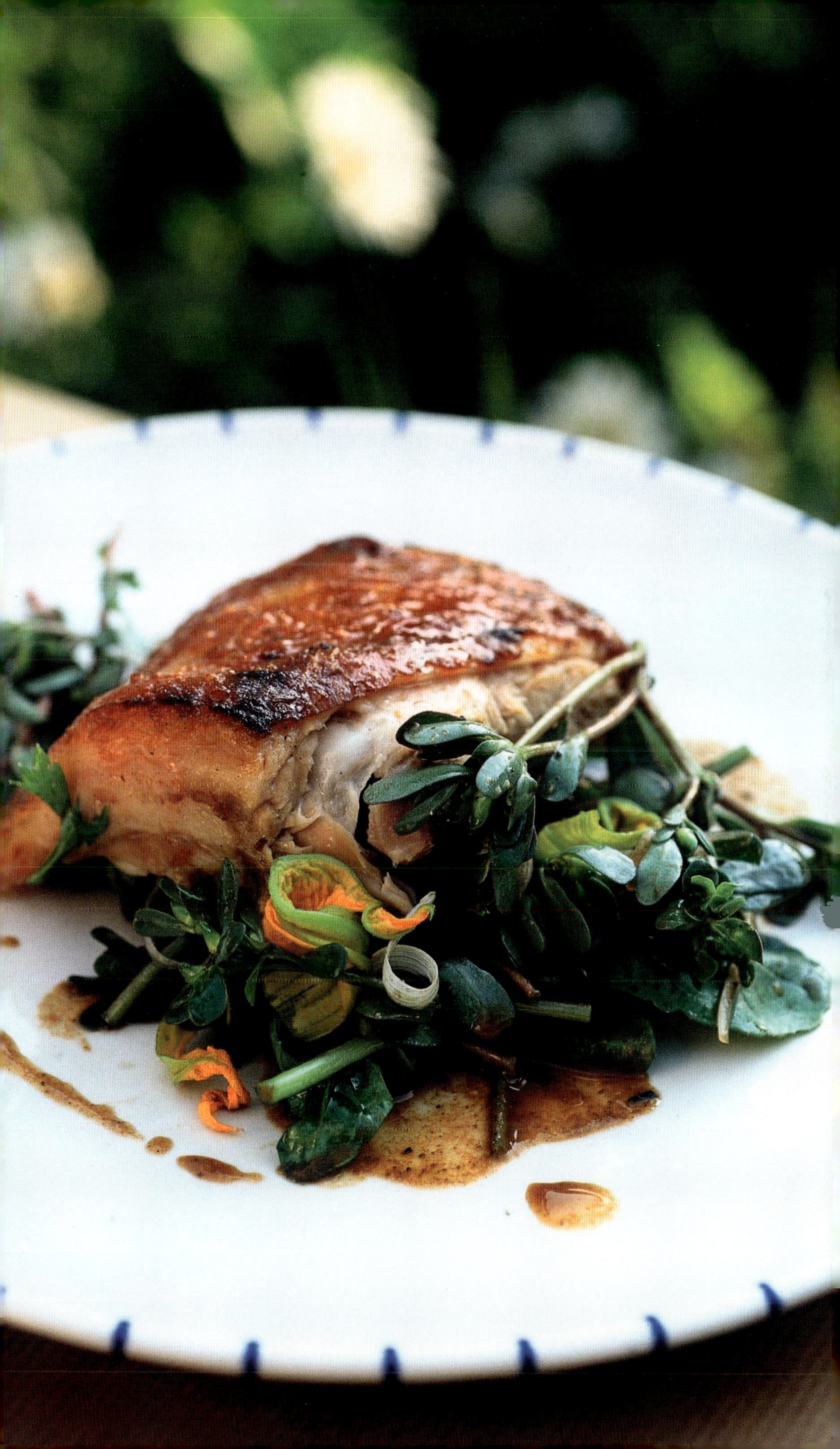

▶ **S**ervir

Terrine de faisan

Réalisation : délicate
Préparation : la veille, 45 minutes dont 25 minutes à l'avance
Cuisson : 1 heure 15 minutes

Ingrédients

Pour 10 à 12 personnes

- 1 **faisan** plumé, vidé
- 300 g de **farce fine truffée**
- 1 petite boîte de **pelure de truffe** (facultatif)
- 1 **œuf**
- 1 petite **échalote**
- quelques branches de **persil**
- 2 pincées de **quatre-épices**
- 1 pincée de **poivre de Cayenne**
- 1 **couenne**
- 1 **crépine**
- 2 cuillerées à soupe de **farine**
- 1 sachet de **gelée** instantanée
- 1,5 dl de **cognac**
- sel, poivre

■ Suggestion d'accord

Morgon
Voir page 82

Recette

① Rincer la crépine sous l'eau froide, la sécher. Désosser le faisan. Mettre les filets des ailes et les aiguillettes dans une terrine. Ajouter le cognac, le sel, le poivre et une poignée de quatre-épices, une pincée de Cayenne, laisser macérer 3 h. Passer le reste de la chair du faisan au hachoir. Ajouter l'échalote, le persil hachés et la farce. Mélanger.

② Incorporer un œuf entier, saler, poivrer. Ajouter une pointe de quatre-épices, les pelures de truffe avec leur jus ainsi que le cognac de macération. Rectifier l'assaisonnement en sel et poivre. Tapisser la terrine avec une partie de la couenne, côté gras contre le fond. Mettre successivement une couche de farce, les filets, une couche de farce, les filets, etc.

③ Recouvrir avec le reste de la couenne et terminer avec la crépine. Travailler la farine et l'eau. Etendre cette pâte tout autour du bord supérieur de la terrine et poser aussitôt le couvercle pour éviter l'évaporation pendant la cuisson. Faire cuire à four chaud (th. 8), 1 h 15 environ.

④ Retirer, lorsque la terrine est cuite, la pâte et le couvercle, récupérer le liquide qui s'est formé. Préparer la gelée, en utilisant le jus de cuisson et en complétant avec de l'eau si nécessaire. Couler la gelée refroidie mais encore liquide dans le pâté, à plusieurs endroits, avec la pointe d'un couteau.

⑤ Mettre la terrine au frais jusqu'au lendemain.

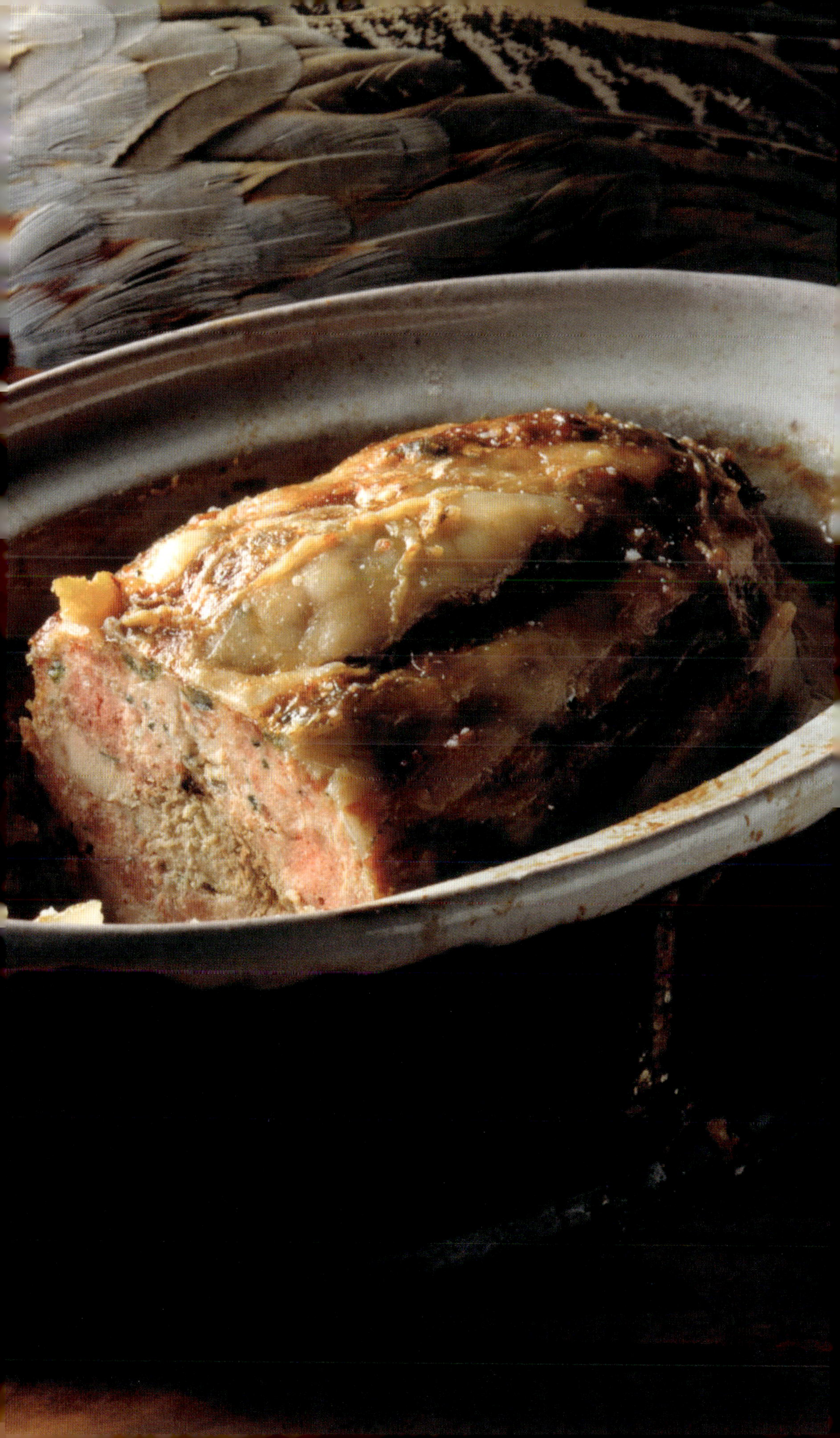

▶ Servir

Beaujolais
Brochettes de poulet mariné au paprika

Réalisation : facile
Préparation : 20 minutes
Cuisson : 30 minutes

Ingrédients

Pour 6 personnes
- 600 g de **blancs de poulet**
- 1 cuillerée à soupe de **paprika**
- 2 gousses d'**ail**
- 2 cuillerées à soupe d'**huile d'olive**
- **sel**, poivre

Légumes
- 2 **poivrons rouges**
- 2 **poivrons jaunes**
- 4 gousses d'**ail**
- 6 **filets d'anchois à l'huile**
- 1 dl d'**huile d'olive**
- **poivre**

Matériel
- piques en bois ou brins de romarin de 20 cm environ

■ Suggestion d'accord
Juliénas
Voir page 80

Recette

① Essuyer les poivrons, les poser sous le gril d'un four ou d'un barbecue, laisser griller 15 à 20 mn environ en les tournant souvent, jusqu'à ce que la peau noircisse légèrement ; les mettre dans un saladier, couvrir et laisser refroidir.

② Verser l'huile dans un saladier, ajouter le paprika, les deux gousses d'ail passées au presse-ail, et mélanger ; couper les blancs de poulet en cubes de 2 cm, les mettre dans le saladier, saler, mélanger et laisser mariner 1/2 h.

③ Pendant ce temps, peler les quatre gousses d'ail, les couper en fines lamelles, les mettre dans une terrine, ajouter les filets d'anchois coupés en petits morceaux, verser l'huile et mélanger.

④ Peler les poivrons grillés, éliminer les pédoncules et les graines, couper la pulpe en lamelles de 1 cm, les mettre dans la terrine contenant l'ail et les anchois, poivrer, mélanger et réserver au frais.

⑤ Effeuiller les brins de romarin en laissant les feuilles du sommet, enfiler les cubes de poulet sur le romarin ou des piques en bois, les poser sur le gril et laisser cuire 10 min en les tournant de temps en temps.

⑥ Servir les brochettes chaudes, accompagnées des poivrons froids.

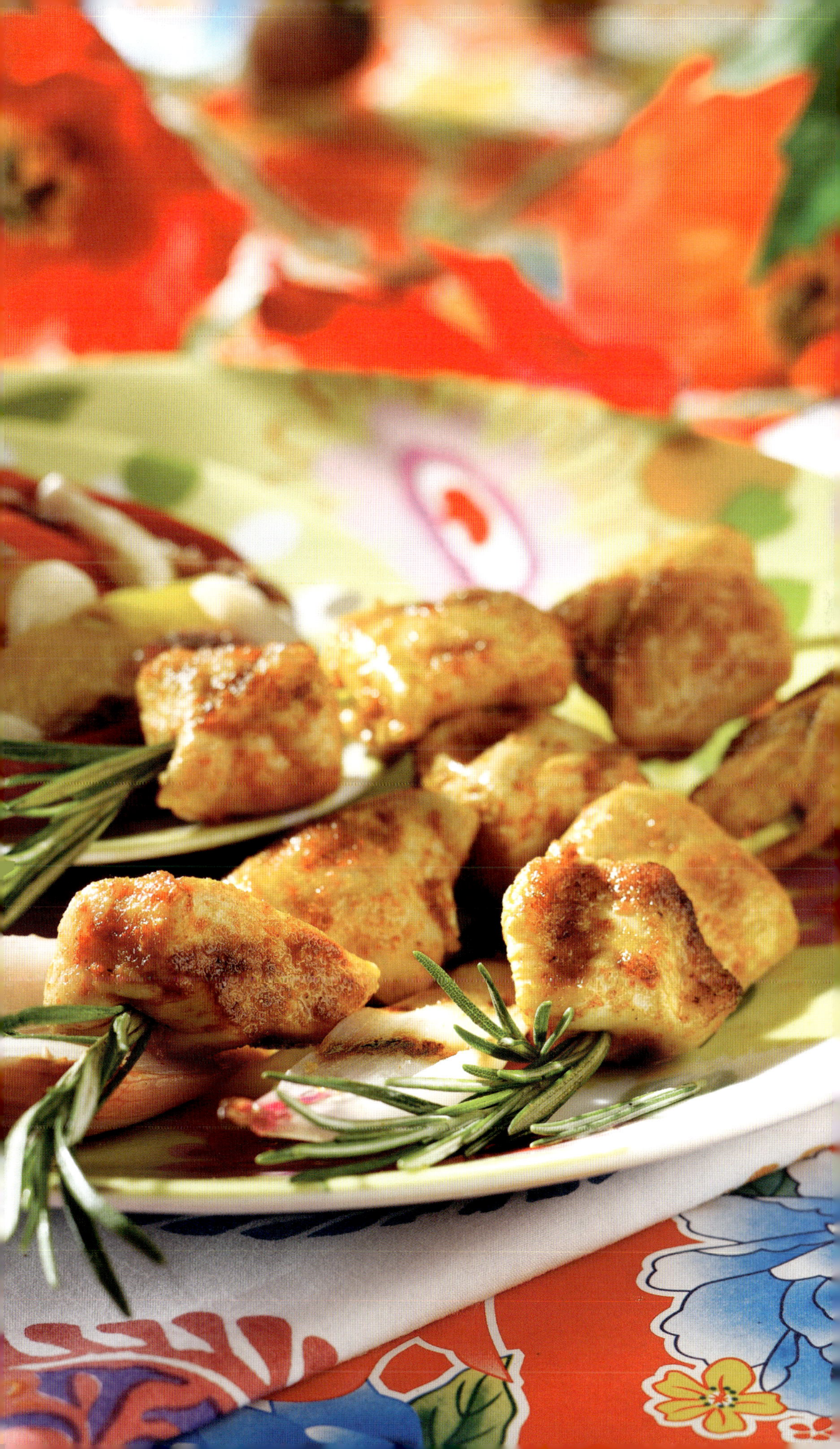

G

6 arder

Constituer **votre cave**	76
Notre sélection :	
à boire **dans l'année**	78
à boire dans les **2 ans**	80
à boire dans les **5 ans**	82

▶ Garder

Beaujolais
Constituer votre cave

Choisir des vins se fait en fonction de plusieurs facteurs comme le budget, la taille de la cave, mais surtout, selon le temps que l'on désire conserver les bouteilles. Voici donc trois sélections pour ne plus se tromper.

La gourmandise immédiate procurée par les vins du Beaujolais proposés en primeur ferait presque oublier la grande diversité des crus de la région. Des vins que l'on peut sans problème oublier en cave quelques années afin de les laisser s'épanouir pleinement. Certes, ils n'ont pas la carrure d'un grand bourgogne ou d'un médoc opulent que l'on peut attendre des décennies, mais après deux ans ou cinq ans, nombre de cuvées livrent de belles surprises. C'est la raison pour laquelle nous avons établi la sélection suivante en trois familles : les vins à boire dans l'année, ceux que l'on peut attendre deux ans, et enfin les crus qui méritent d'attendre cinq ans, voire plus pour être appréciés à leur juste valeur. Trois catégories où l'on retrouve en filigrane une certaine hiérarchie des appellations du Beaujolais. Enfin, dans cette sélection, les crus de la région montrent une nouvelle fois leur excellent rapport qualité-prix, les cuvées le plus prestigieuses dépassant rarement 15 €, ce qui ajoute au caractère séduisant de ces vins malheureusement pas assez connus.

A boire dans l'année

Cette première sélection rassemble essentiellement des vins du millésime 2007, qui s'y prête bien. Ce ne sont pas des vins primeurs comme on en boit communément le troisième jeudi de novembre, mais des beaujolais et beaujolais villages, blancs (Domaine Martray 2007, 5,10 €) et rouges (Domaine Savoye 2007, 4,75 €). Des vins gourmands et croquants, sur le fruit et appréciables dès à présent. Nous trouvons également, sur ce profil aromatique quelques vins de crus plus prestigieux, comme le Moulin-à-Vent Vieilles Vignes 2007 du Domaine Hubert Lapierre. Et certains fleurie ou chiroubles, qui peuvent aussi attendre une année de plus sans perdre cette spontanéité du fruit qui souligne leur caractère.

A boire dans les 2 ans

Cette catégorie s'ouvre plus spécifiquement aux crus de Beaujolais qui possèdent une certaine corpulence, notamment dans les millésimes 2006 et 2007, deux millésimes moyens, mais où l'on trouve, chez les meilleurs viticulteurs, des cuvées d'excellente facture à un prix raisonnable, comme par exemple le Domaine Jean-Charles Pivot 2007, 6,25 €, en Chiroubles, le Domaine du Crêt des Garanches 2006, 6 €, en Côte de Brouilly, ou encore la belle cuvée La Madone Vieilles Vignes du Domaine Jean-Marc Després 2006, à 10,50 €. Ou l'impressionnant morgon de la Cave Jean-Ernest Descombes en 2006, au prix de 7,75 €.

A boire dans les 5 ans

Tous les crus du beaujolais ne possèdent pas cette capacité de vieillir pendant 5 années, voire plus. Toutefois, dans les appellations comme Morgon, Côte de Brouilly, Fleurie ou Moulin à Vent, les grandes cuvées des vignerons possèdent cette aptitude et révèlent leurs arômes de fruits rouges et noirs pendant de nombreuses années avant d'évoluer vers des notes de sous-bois. Qui plus est dans un magnifique millésime comme 2005. La cuvée spéciale Vieilles Vignes 2005 à 11 €, du Domaine Chignard à Fleurie, ou les morgons de Louis-Claude Desvignes, ou encore les somptueux moulin-à-vent du Château des Jacques, font partie de ces références à ne pas manquer.

Ci-contre : chais du clos des Quatre Vents, à Fleurie.

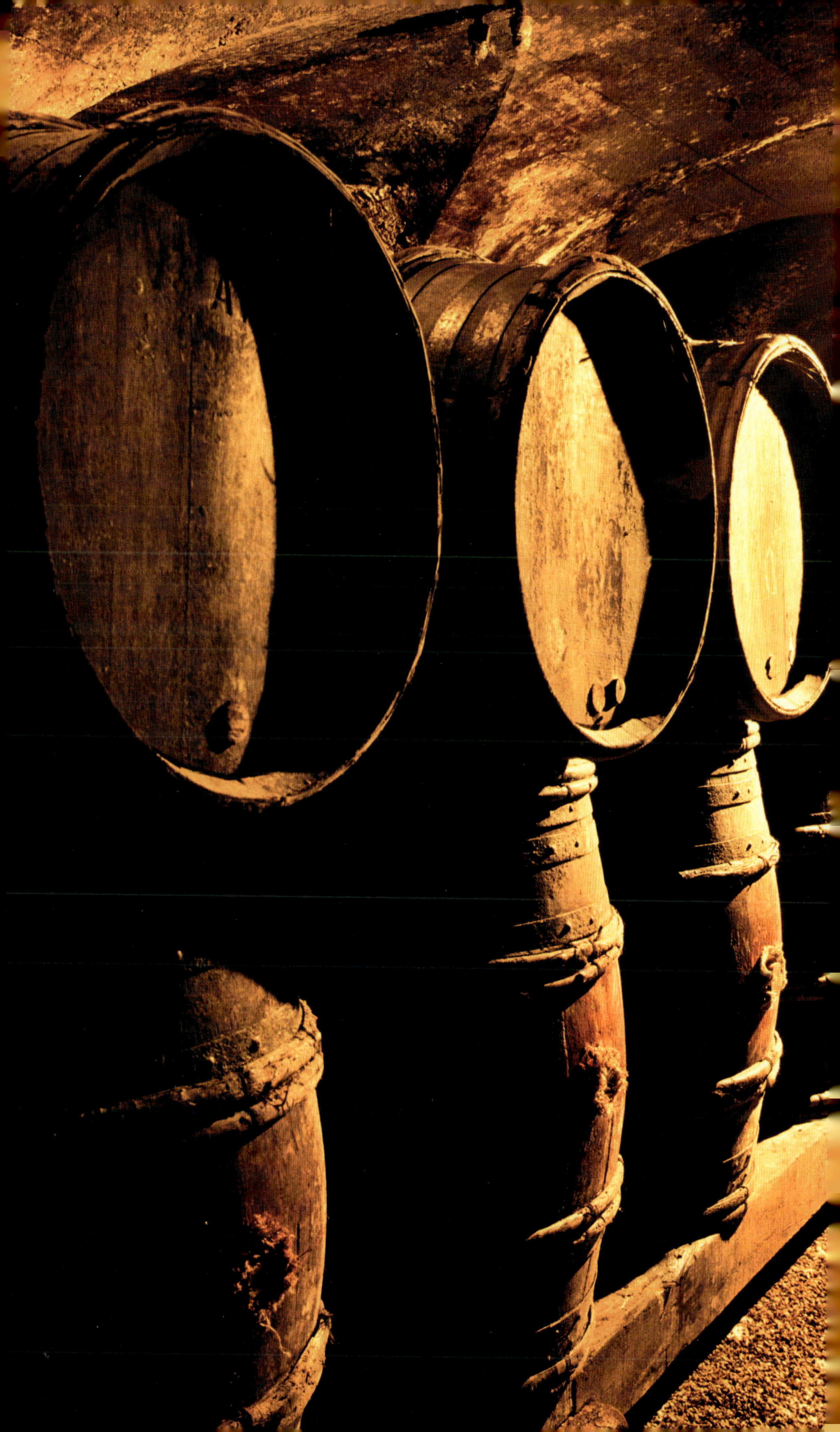

▶ Garder

Notre sélection à boire dans l'année

Pourquoi attendre trop longtemps. Ce sont des vins de l'instant, sur le fruit et gourmands, que l'on peut boire avec beaucoup de plaisir dès à présent.

BEAUJOLAIS

Domaine du Vissoux Les Griottes 2007
(7 € cav. - 13,5/20)
69620 Saint-Vérand – Tél. : 04 74 71 79 42
www.chermette.fr – domaineduvissoux@chermette.fr

Domaine J.G. Chasseley Quatre Saisons 2007
(4,90 € - 16/20)
157, chemin de la Roche, 69380 Châtillon d'Azergues
Tél. : 04 78 47 93 73
www.domaine.chasselay.com

Château de L'Eclair 2006 (4,50 € - 15/20)
Tél. : 04 74 68 76 27
905, rue du Château-de-l'Eclair, 69400 Liergues
sicarex@beaujolais.com

Domaine Savoye 2007 (4,75 € - 15/20)
Les Micouds, 69910 Villié-Morgon – Tél. : 04 74 04 21 92
pierre.savoye@wanadoo.fr

BEAUJOLAIS BLANC

Domaine Matray 2007 (5,10 € - 15/20)
Les Paquelets, 69840 Juliénas – Tél. : 04 74 04 45 57
www.domainematray.com

Domaine de Fontalognier 2007 (6 € - 14/20)
Fontalognier, 69430 Lantignié
Tél. : 04 74 69 21 62
www.gillesducroux.eu

BEAUJOLAIS-VILLAGES

Domaine des Nugues 2007
(5,50 € cav. - 13,5/20)
Les Pasquiers, 69220 Lancié
Tél. : 04 74 04 14 00 – www.domainedesnugues.com
earl-gelin@wanadoo.fr

BROUILLY

Domaine Laurent Martray 2006 (8 € - 13,5/20)
Combiaty, 69460 Odenas – Tél. : 04 74 03 51 03
martray.laurent@akeonet.com

Domaine du Comte de Monspey 2007
(7 € - 15/20)
69220 Charenta – Tél. : 04 74 66 83 55
domaine.monspey@free.fr

COTE DE BROUILLY

Domaine Robert Perroud L'Enfer des Balloquets 2007 (8,90 € - 13,5/20)
Les Balloquets, 69460 Odenas
Tél. : 04 74 04 35 63 – www.terroirs-originels.com
robertperroud@wanadoo.fr

CHENAS

Domaine de La Chèvre Bleue Vieilles Vignes 2007
(6 € - 16/20)
Les Deschamps, 69840 Chénas
Tél. : 08 75 46 74 10
gerard@chevrebleue.com

Domaine de Trémont Desvignes 2006
(7 € - 15/20)
Jean Loron Cidex 323, 71570 La Chapelle-de-Guinchay
Tél. : 03 85 36 77 49
www.domaine-de-tremont.fr

CHIROUBLES

Domaine Emile Cheysson 2007
(6,40 € - 13,5/20)
Clos Les Farges, 69115 Chiroubles – Tél. : 04 74 04 22 02
domainecheysson@orange.fr

FLEURIE

Château de Raousset 2007 (7,80 €- 16,5/20)
Les Prés, 69115 Chiroubles
Tél. : 04 74 69 16 19 – www.scea-deraousset.fr

MOULIN-A-VENT

Domaine Hubert Lapierre Vieilles Vignes 2007
(6,30 € - 15/20)
Le Jandelin Cidex 324, 71570 La Chapelle-de-Guinchay
Tél. : 03 85 36 74 89
www.domaine.lapierre.com

SAINT-AMOUR

Maison Coquard 2007 (6,70 € - 16/20)
Hameau Le Boîtier, 69620 Theizé-en-Beaujolais
Tél. : 04 74 71 11 59
www.maison-coquard.com

Les prix indiqués sont TTC. Ils sont fournis à titre indicatif et correspondent au cours du vin auprès du négoce ou de la propriété pour les particuliers.

En haut : Lantignié, château d'Evieres.
En bas : cave de Chiroubles.

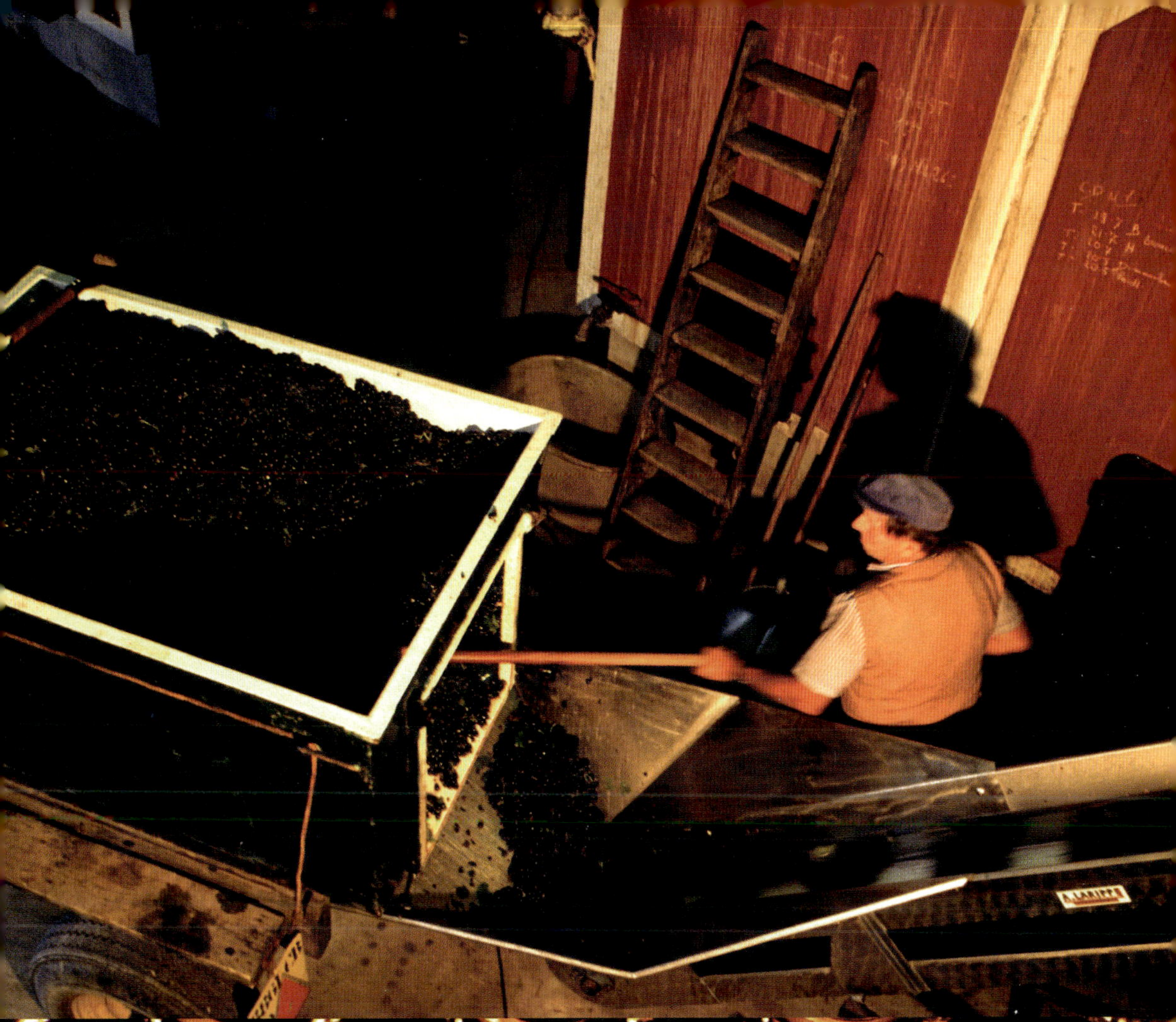

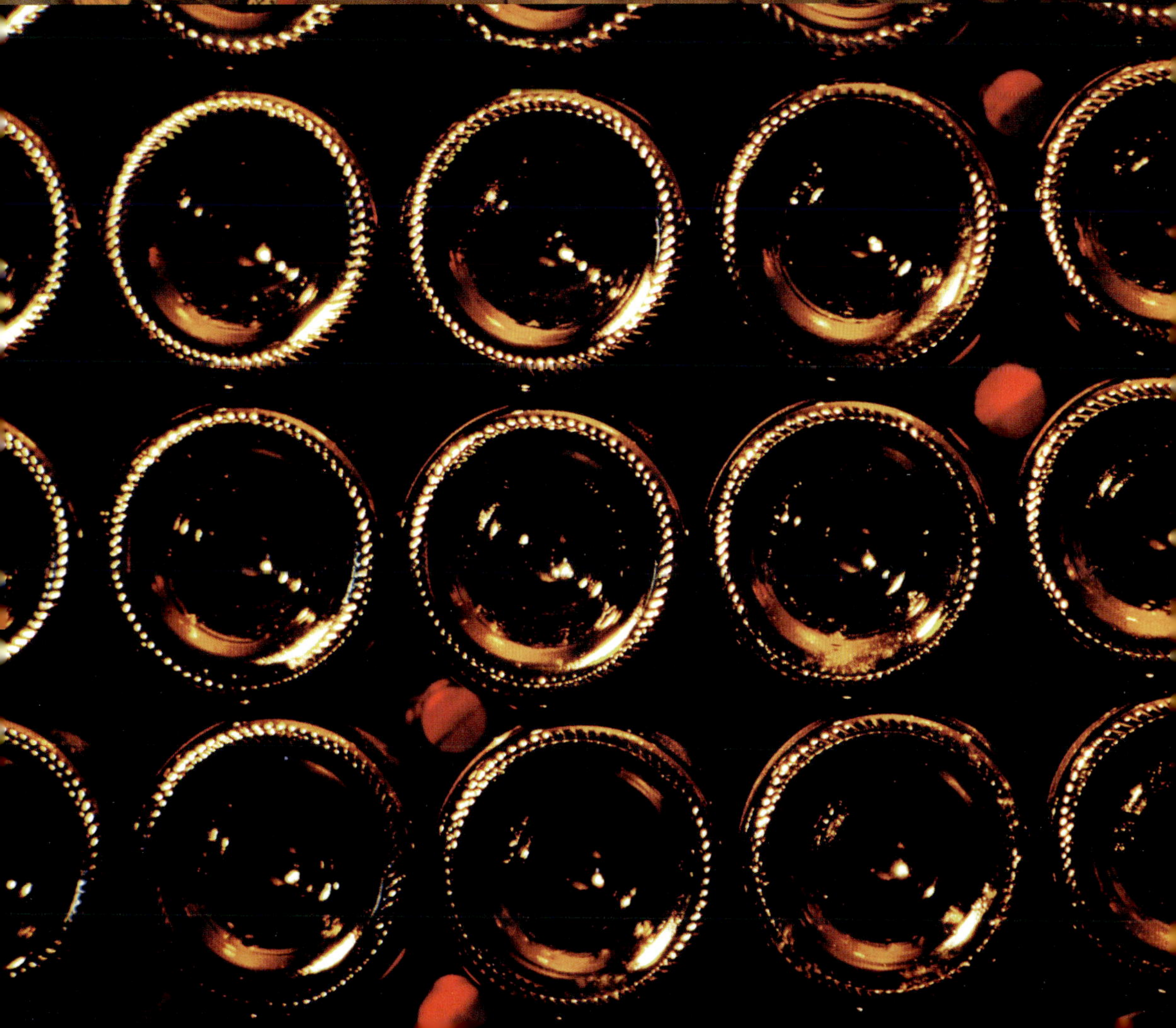

▶ **G**arder

Beaujolais

Notre sélection à boire dans les 2 ans

Pourquoi attendre trop longtemps ? Ce sont des vins de l'instant, sur le fruit et gourmands, que l'on peut boire avec beaucoup de plaisir dès à présent et dans les deux années à venir.

BEAUJOLAIS-VILLAGES

Mommessin Morgon Côte de Py Monternot 2006 (nc - 14,5/20)
Mommessin, Le Pont des Samsons, 69430 Quincié-en-Beaujolais
Tél. : 04 74 69 09 30 – information@mommessin.fr

BROUILLY

Château de la Chaize Vieilles Vignes 2005
(9,30 € - 15/20)
Château de la Chaize, 69460 Odenas – Tél. : 04 74 03 41 05
www.chateaudelachaize.com – chateaudelachaize@wanadoo.fr

Domaine de la Motte 2007 (5,55 € - 13,5/20)
35, Grande-Rue, 89800 Beines
Tél. : 03 86 42 43 71 – www.chablis-michaut.com

CHENAS

Domaine de Côtes Rémont Cuvée Molina 2007
(5 € - 16,5/20)
En Rémont, 69840 Chénas – Tél. : 04 74 04 44 33

CHIROUBLES

Domaine Jean-Charles Pivot 2007
(6,25 € - 14,5/20)
69430 Saint-Didier-sur-Beaujeu – Tél. : 04 74 04 30 32
jcpivot@club-internet.fr

Domaine Passot les Rampaux 2007
(6,30 € - 16,5/20)
Le Colombier, route de Fleurie, 69910 Villié-Morgon
Tél. : 04 74 69 10 77 – mbpassot@yahoo.fr

COTE DE BROUILLY

Domaine du Crêt des Garanches 2006
(6 € - 16,5/20)
69460 Odenas – Tél. : 04 74 03 41 46
sylvie.dufaitre-genin@wanadoo.fr

Domaine Charmettant 2007 (8 € - 15/20)
Place du 11-Novembre, 69480 Pommiers
Tél. : 04 74 65 12 34 – www.beaujolais-charmettant.com

FLEURIE

Domaine Jean-Marc Després La Madone Vieilles Vignes 2006 (10,50 € cav. – 15,5/20)
La Madone, 69820 Fleurie – Tél. : 04 74 69 81 51
www.domaine-de-la-madone.com
domainedelamadone@wanadoo.fr

JULIENAS

Producteurs du Cru Juliénas Cellier de la Vieille Eglise 2006 (6,70 € - 16/20)
Le Bourg, 69840 Juliénas – Tél. : 04 74 04 42 98

MORGON

Cave Jean-Ernest Descombes 2006
(7,75 € - 17/20)
Les Micouds, 69910 Villié-Morgon
Tél. : 04 74 04 21 92 – www.morgonsavoye.com

Domaine des Mouilles Les Versauds 2007
(6 € - 16,5/20)
69840 Juliénas – Tél. : 04 74 04 40 44
E-mail : www.vinsperrachon.com

MOULIN-A-VENT

Cave du Château de Chénas Tradition 2006
(6,30 € – 16/20)
Les Michauds, 69840 Chénas
Tél. : 04 74 04 48 19 – cave.chenas@wanadoo.fr

Domaine Hubert Lapierre Vieilles Vignes 2007
(6,30 € - 15,5/20)
Le Jandelin Cidex 324, 71570 La Chapelle-de-Guinchay
Tél. : 03 85 36 74 89 – www.domaine.lapierre.com
hubert.lapierre@wanadoo.fr

Domaine Bergeron 2007 (6,85 € – 16/20)
Les Sougerons, 69840 Ermeringer
Tél. : 04 74 04 41 19 – www.domaine-bergeron.com

Domaine du Granit Tradition 2006 (7,80 € - 16/20)
La Rochelle, 69840 Chénas – Tél. : 04 74 04 48 40

Domaine Richard Rottiers 2007 (7,50 €- 15,5/20)
La Sambinerie, 71570 Romanèche-Thorins
Tél. : 03 85 35 22 36 – www.domainerichardrottiers.com

REGNIE

Domaine de Fontalognier 2006
(5,80 € - 16/20)
Fontalognier, 69430 Lantignié
Tél. : 04 74 69 21 62 – www.gillesducroux.eu

Domaine Louis Pardon et Fils 2006
(5,10 – 15/20)
La Chevalière, 69430 Beaujeu
Tél. : 04 74 04 86 97 – www.pardon.nom.fr

SAINT-AMOUR

Domaine des Pierres 2007 (6,70 € – 13,5/20)
2775, route de Juliénas, 71570 La Chapelle-de-Guinchay
Tél. : 03 85 36 70 70

Les prix indiqués sont TTC. Ils sont fournis à titre indicatif et correspondent au cours du vin auprès du négoce ou de la propriété pour les particuliers.

Château de La Chaize, foudre en bois.

▶ **Garder**

Notre sélection à boire dans les 5 ans

Laissez-les donc reposer encore quelque temps, qu'ils s'épanouissent dans le silence de votre cave, et ces vins seront parfaits à déguster dans les cinq années à venir.

BEAUJOLAIS

Domaine du Vissoux Les Trois Roches 2007
(13 € cav. – 15,5/20)
69620 Saint-Vérand – Tél. : 04 74 71 79 42 – www.chermette.fr
domaineduvissoux@chermette.fr

BROUILLY

Domaine Laurent Martray Mas de Bagnols 2007
(14 € – 16/20)
Combiaty, 69460 Odenas – Tél. : 04 74 03 51 03
martray.laurent@akeonet.com

Jean-Claude Lapalu La Croix des Rameaux 2006
(14 € – 17/20)
Le Petit Vernay, 69460 Saint-Etienne-la-Varenne
Tél. : 04 74 03 50 57 – jean-claudelapalu@wanadoo.fr

CHENAS

Domaine Hubert Lapierre Fût de Chêne 2003
(7,50 € – 14,5/20)
Le Jandelin Cidex 324, 71570 La Chapelle-de-Guinchay
Tél. : 03 85 36 74 89 – www.domaine.lapierre.com
hubert.lapierre@wanadoo.fr

Domaine Piron-Lameloise Quartz 2006
(11 € – 16/20)
Morgon, 69910 Villié-Morgon – Tél. : 04 74 69 10 20
www.domaines-piron.fr
dominiquepiron@domaines-piron.fr

Domaine Bernard Santé Vieilles Vignes Fût de Chêne 2006 (7,80 € – 15,5/20)
Route de Juliénas, 71570 La-Chapelle-de-Guinchay
Tél. : 03 85 33 82 81 – earl.sante-bernard@wanadoo.fr

CHIROUBLES

Domaine Emile Cheysson La Secrète 2005
(18 € – 14,5/20)
Clos Les Farges, 69115 Chiroubles
Tél. : 04 74 04 22 02 – domainecheysson@orange.fr

COTE DE BROUILLY

Château Thivin Zaccharie 2006 (13,50 € – 16/20)
La Côte de Brouilly, 69460 Odenas
Tél. : 04 74 03 47 53 – www.chateau-thivin.com
geoffray@chateau-thivin.com

FLEURIE

Domaine Chignard Cuvée Spéciale Vieilles Vignes 2005 (11 € – 16,5/20)
Le Point du Jour, 69820 Fleurie
Tél. : 04 74 04 11 87 – domaine.chignard@wanadoo.fr

MORGON

Domaine Louis-Claude Desvignes Javernières 2006 (9 € – 15,5/20)
135, rue de la Voûte, 69910 Villié-Morgon – Tél. : 04 74 04 23 35
www.louis-claude-desvignes.com – louis.desvignes@wanadoo.fr

Domaine Daniel Bouland Vieilles Vignes 2007
(6,30 € – 17/20)
Corcelette, 69910 Villié-Morgon
Tél. : 04 74 69 14 71 – bouland.daniel@free.fr

Domaine Dominique Piron Côte du Py 2006
(9,50 € – 16,5/20)
Morgon, 69910 Villié-Morgon
Tél. : 04 74 69 10 20 – www.domaines-piron.fr
dominiquepiron@domaines-piron.fr

Domaine Jean-Marc Burgaud Côte du Py James 2006 (15 € – 16/20)
Morgon La Côte du Py, 69910 Villié-Morgon – Tél. : 04 74 69 16 10
www.jean-marc-burgaud.com - burgaud@jean-marc-burgaud.com

MOULIN-A-VENT

Château des Jacques Clos du Grand Carquelin 2004 (16,5 € – 16,5/20)
71570 Romanèche-Thorins
Tél. : 03 85 35 51 64 – www.louis-jadot.com
chateau-des-jacques@wanadoo.fr

Domaine Paul et Eric Janin Clos du Tremblay 2006 (9,90 € – 16/20)
71570 Romanèche-Thorins
Tél. : 03 85 35 52 80 – www.vins-bourgogne-sud.com
pauljanin.fils@club-internet.fr

Mommessin Terres de Silice 2006
(nc – 16,5/20)
Mommessin, Le Pont des Samsons, 69430 Quincié-en-Beaujolais
Tél. : 04 74 69 09 30 – information@mommessin.fr

Domaine des Terres Dorées 2006 (nc – 16/20)
Crière, 69380 Charnay
Tél. : 04 78 47 93 45 – terredorees@wanadoo.fr

Domaine Jean-Paul Dubost Burdelines 2007
(18 € – 16/20)
Le Tracot, 69430 Lantignié
Tél. : 04 74 04 87 51 – www.domaine-dubost.com
j.p-dubost@wanadoo.fr

Les prix indiqués sont TTC. Ils sont fournis à titre indicatif et correspondent au cours du vin auprès du négoce ou de la propriété pour les particuliers.

Pressoir du château de La Chaize.

FICHE DE DEGUSTATION

Nom du cru :
Appellation :
Millésime :   La date de dégustation :
Le vin est-il carafé ? ❏ oui   ❏ non
Le moment :   ❏ déjeuner   ❏ dîner   ❏ hors repas
L'occasion :
La(les) personne(s) avec qui je déguste ce vin :

Le(s) plat(s) qui l'accompagne(nt) :

A L'ŒIL

COULEUR	❏ vermillon	❏ jaune pâle	INTENSITE	LIMPIDITE ET
Rouge :	❏ noir	❏ jaune vert	❏ faible	**TRANSPARENCE**
❏ violet	❏ tuilé	❏ jaune citron	❏ légère	❏ cristallin
❏ pourpre		❏ jaune paille	❏ soutenue	❏ brillant
❏ grenat	**Blanc :**	❏ or pâle	❏ foncée	❏ limpide
❏ rubis	❏ Incolore	❏ or soutenu	❏ profonde	❏ voilé
			❏ forte	❏ trouble

AU NEZ

EXPRESSION AROMATIQUE	❏ genêt	❏ agrumes	**Epicé :**	**Boisé :**
❏ faible	❏ tilleul	❏ abricot	❏ poivre	❏ chêne
❏ moyenne	❏ violette	❏ coing	❏ thym	❏ bois neuf
❏ intense	❏ pivoine	❏ ananas	❏ laurier	❏ bois humide
	❏ camomille	❏ banane	❏ garrigue	❏ balsa
FINESSE AROMATIQUE	❏ bruyère...	❏ groseille	❏ vanille	❏ pin
		❏ cerise	❏ cannelle	❏ cèdre...
❏ ordinaire	**Végétal :**	❏ fraise	❏ clou de girofle	
❏ fin	❏ foin coupé	❏ framboise	❏ réglisse	**Confiserie :**
❏ élégant	❏ herbe	❏ cassis	❏ zan	❏ miel
❏ raffiné	❏ fougère	❏ mûre	❏ goudron...	❏ praline
	❏ thé	❏ myrtille		❏ pâte d'amande
AROMES	❏ anis	❏ griotte	**Empyreumatique :**	❏ cake...
Floral :	❏ menthe	❏ fruits secs (noisette, noix, amande...)	❏ cacao	
❏ acacia	❏ fenouil		❏ café	**Lacté :**
❏ aubépine	❏ humus		❏ caramel	❏ lait
❏ œillet	❏ poivron	❏ pruneau, prune...	❏ tabac	❏ beurre frais
❏ chèvrefeuille	❏ champignon		❏ pain d'épice...	❏ yaourt...
❏ jacinthe	❏ truffe...	**Minéral :**		
❏ jasmin		❏ pierre à fusil	**Animal :**	**Fermentaire :**
❏ iris	**Fruité :**	❏ craie	❏ cuir	❏ levure
❏ fleur d'oranger	❏ pomme	❏ iode	❏ fourrure	❏ mie de pain
❏ rose	❏ pêche	❏ silex	❏ gibier	❏ brioche
❏ lilas	❏ poire	❏ naphte...	❏ venaison	❏ biscuit...
			❏ jus de viande...	

❏ autres : _____

EN BOUCHE

STRUCTURE	EQUILIBRE	❏ corsé	❏ creux	PUISSANCE AROMATIQUE
❏ fluet	❏ maigre	❏ velouté	❏ flasque	❏ très faible
❏ svelte	❏ agressif	❏ équilibré	❏ sec	❏ faible
❏ corpulent	❏ dur	❏ souple	❏ mou	❏ moyenne
❏ massif	❏ âpre	❏ sucré	❏ vif	❏ forte
❏ énorme	❏ robuste	❏ acide		❏ très forte

Le plaisir que j'ai éprouvé :

Ma note sur 20 : ☐

FICHE DE DEGUSTATION

Nom du cru :
Appellation :
Millésime :   La date de dégustation :
Le vin est-il carafé ?   ❏ oui   ❏ non
Le moment :   ❏ déjeuner   ❏ dîner   ❏ hors repas
L'occasion :
La(les) personne(s) avec qui je déguste ce vin :

Le(s) plat(s) qui l'accompagne(nt) :

A L'ŒIL

COULEUR	❏ vermillon	❏ jaune pâle	INTENSITE	LIMPIDITE ET
Rouge :	❏ noir	❏ jaune vert	❏ faible	**TRANSPARENCE**
❏ violet	❏ tuilé	❏ jaune citron	❏ légère	❏ cristallin
❏ pourpre		❏ jaune paille	❏ soutenue	❏ brillant
❏ grenat	**Blanc :**	❏ or pâle	❏ foncée	❏ limpide
❏ rubis	❏ Incolore	❏ or soutenu	❏ profonde	❏ voilé
			❏ forte	❏ trouble

AU NEZ

EXPRESSION AROMATIQUE	❏ genêt	❏ agrumes	**Epicé :**	**Boisé :**
	❏ tilleul	❏ abricot	❏ poivre	❏ chêne
❏ faible	❏ violette	❏ coing	❏ thym	❏ bois neuf
❏ moyenne	❏ pivoine	❏ ananas	❏ laurier	❏ bois humide
❏ intense	❏ camomille	❏ banane	❏ garrigue	❏ balsa
	❏ bruyère...	❏ groseille	❏ vanille	❏ pin
FINESSE AROMATIQUE		❏ cerise	❏ cannelle	❏ cèdre...
		❏ fraise	❏ clou de girofle	
❏ ordinaire	**Végétal :**	❏ framboise	❏ réglisse	**Confiserie :**
❏ fin	❏ foin coupé	❏ cassis	❏ zan	❏ miel
❏ élégant	❏ herbe	❏ mûre	❏ goudron...	❏ praline
❏ raffiné	❏ fougère	❏ myrtille		❏ pâte d'amande
	❏ thé	❏ griotte	**Empyreumatique :**	
AROMES	❏ anis	❏ fruits secs	❏ cacao	❏ cake...
Floral :	❏ menthe	(noisette, noix,	❏ café	
❏ acacia	❏ fenouil	amande...)	❏ caramel	**Lacté :**
❏ aubépine	❏ humus	❏ pruneau,	❏ tabac	❏ lait
❏ œillet	❏ poivron	prune...	❏ pain d'épice...	❏ beurre frais
❏ chèvrefeuille	❏ champignon			❏ yaourt...
❏ jacinthe	❏ truffe...	**Minéral :**	**Animal :**	
❏ jasmin		❏ pierre à fusil	❏ cuir	**Fermentaire :**
❏ iris	**Fruité :**	❏ craie	❏ fourrure	❏ levure
❏ fleur d'oranger	❏ pomme	❏ iode	❏ gibier	❏ mie de pain
❏ rose	❏ pêche	❏ silex	❏ venaison	❏ brioche
❏ lilas	❏ poire	❏ naphte...	❏ jus de viande...	❏ biscuit...

❏ autres : _____

EN BOUCHE

STRUCTURE	EQUILIBRE	❏ corsé	❏ creux	PUISSANCE AROMATIQUE
❏ fluet	❏ maigre	❏ velouté	❏ flasque	
❏ svelte	❏ agressif	❏ équilibré	❏ sec	❏ très faible
❏ corpulent	❏ dur	❏ souple	❏ mou	❏ faible
❏ massif	❏ âpre	❏ sucré	❏ vif	❏ moyenne
❏ énorme	❏ robuste	❏ acide		❏ forte
				❏ très forte

Le plaisir que j'ai éprouvé :

Ma note sur 20 :

FICHE DE DEGUSTATION

Nom du cru :
Appellation :
Millésime :   La date de dégustation :
Le vin est-il carafé ?   ❏ oui   ❏ non
Le moment :   ❏ déjeuner   ❏ dîner   ❏ hors repas
L'occasion :
La(les) personne(s) avec qui je déguste ce vin :

Le(s) plat(s) qui l'accompagne(nt) :

A L'ŒIL

COULEUR	❏ vermillon	❏ jaune pâle	INTENSITE	LIMPIDITE ET
Rouge :	❏ noir	❏ jaune vert	❏ faible	**TRANSPARENCE**
❏ violet	❏ tuilé	❏ jaune citron	❏ légère	❏ cristallin
❏ pourpre		❏ jaune paille	❏ soutenue	❏ brillant
❏ grenat	**Blanc :**	❏ or pâle	❏ foncée	❏ limpide
❏ rubis	❏ Incolore	❏ or soutenu	❏ profonde	❏ voilé
			❏ forte	❏ trouble

AU NEZ

EXPRESSION AROMATIQUE	❏ genêt	❏ agrumes	**Epicé :**	**Boisé :**
❏ faible	❏ tilleul	❏ abricot	❏ poivre	❏ chêne
❏ moyenne	❏ violette	❏ coing	❏ thym	❏ bois neuf
❏ intense	❏ pivoine	❏ ananas	❏ laurier	❏ bois humide
	❏ camomille	❏ banane	❏ garrigue	❏ balsa
FINESSE AROMATIQUE	❏ bruyère...	❏ groseille	❏ vanille	❏ pin
		❏ cerise	❏ cannelle	❏ cèdre...
❏ ordinaire		❏ fraise	❏ clou de girofle	
❏ fin	**Végétal :**	❏ framboise	❏ réglisse	**Confiserie :**
❏ élégant	❏ foin coupé	❏ cassis	❏ zan	❏ miel
❏ raffiné	❏ herbe	❏ mûre	❏ goudron...	❏ praline
	❏ fougère	❏ myrtille		❏ pâte d'amande
	❏ thé	❏ griotte	**Empyreumatique :**	❏ cake...
AROMES	❏ anis	❏ fruits secs	❏ cacao	
Floral :	❏ menthe	(noisette, noix,	❏ café	**Lacté :**
❏ acacia	❏ fenouil	amande...)	❏ caramel	❏ lait
❏ aubépine	❏ humus	❏ pruneau,	❏ tabac	❏ beurre frais
❏ œillet	❏ poivron	prune...	❏ pain d'épice...	❏ yaourt...
❏ chèvrefeuille	❏ champignon			
❏ jacinthe	❏ truffe...	**Minéral :**	**Animal :**	**Fermentaire :**
❏ jasmin		❏ pierre à fusil	❏ cuir	❏ levure
❏ iris	**Fruité :**	❏ craie	❏ fourrure	❏ mie de pain
❏ fleur d'oranger	❏ pomme	❏ iode	❏ gibier	❏ brioche
❏ rose	❏ pêche	❏ silex	❏ venaison	❏ biscuit...
❏ lilas	❏ poire	❏ naphte...	❏ jus de viande...	

❏ autres : _____

EN BOUCHE

STRUCTURE	EQUILIBRE	❏ corsé	❏ creux	PUISSANCE
❏ fluet	❏ maigre	❏ velouté	❏ flasque	**AROMATIQUE**
❏ svelte	❏ agressif	❏ équilibré	❏ sec	❏ très faible
❏ corpulent	❏ dur	❏ souple	❏ mou	❏ faible
❏ massif	❏ âpre	❏ sucré	❏ vif	❏ moyenne
❏ énorme	❏ robuste	❏ acide		❏ forte
				❏ très forte

Le plaisir que j'ai éprouvé :

Ma note sur 20 :

FICHE DE DEGUSTATION

Nom du cru :
Appellation :
Millésime :   La date de dégustation :
Le vin est-il carafé ?   ❏ oui   ❏ non
Le moment :   ❏ déjeuner   ❏ dîner   ❏ hors repas
L'occasion :
La(les) personne(s) avec qui je déguste ce vin :

Le(s) plat(s) qui l'accompagne(nt) :

A L'ŒIL

COULEUR	❏ vermillon	❏ jaune pâle	INTENSITE	LIMPIDITE ET
Rouge :	❏ noir	❏ jaune vert	❏ faible	**TRANSPARENCE**
❏ violet	❏ tuilé	❏ jaune citron	❏ légère	❏ cristallin
❏ pourpre		❏ jaune paille	❏ soutenue	❏ brillant
❏ grenat	**Blanc :**	❏ or pâle	❏ foncée	❏ limpide
❏ rubis	❏ Incolore	❏ or soutenu	❏ profonde	❏ voilé
			❏ forte	❏ trouble

AU NEZ

EXPRESSION AROMATIQUE	❏ genêt	❏ agrumes	**Epicé :**	**Boisé :**
	❏ tilleul	❏ abricot	❏ poivre	❏ chêne
❏ faible	❏ violette	❏ coing	❏ thym	❏ bois neuf
❏ moyenne	❏ pivoine	❏ ananas	❏ laurier	❏ bois humide
❏ intense	❏ camomille	❏ banane	❏ garrigue	❏ balsa
	❏ bruyère...	❏ groseille	❏ vanille	❏ pin
FINESSE AROMATIQUE		❏ cerise	❏ cannelle	❏ cèdre...
		❏ fraise	❏ clou de girofle	
❏ ordinaire	**Végétal :**	❏ framboise	❏ réglisse	**Confiserie :**
❏ fin	❏ foin coupé	❏ cassis	❏ zan	❏ miel
❏ élégant	❏ herbe	❏ mûre	❏ goudron...	❏ praline
❏ raffiné	❏ fougère	❏ myrtille		❏ pâte d'amande
	❏ thé	❏ griotte	**Empyreumatique :**	❏ cake...
AROMES	❏ anis	❏ fruits secs	❏ cacao	
Floral :	❏ menthe	(noisette, noix,	❏ café	**Lacté :**
❏ acacia	❏ fenouil	amande...)	❏ caramel	❏ lait
❏ aubépine	❏ humus	❏ pruneau,	❏ tabac	❏ beurre frais
❏ œillet	❏ poivron	prune...	❏ pain d'épice...	❏ yaourt...
❏ chèvrefeuille	❏ champignon			
❏ jacinthe	❏ truffe...	**Minéral :**	**Animal :**	**Fermentaire :**
❏ jasmin		❏ pierre à fusil	❏ cuir	❏ levure
❏ iris	**Fruité :**	❏ craie	❏ fourrure	❏ mie de pain
❏ fleur d'oranger	❏ pomme	❏ iode	❏ gibier	❏ brioche
❏ rose	❏ pêche	❏ silex	❏ venaison	❏ biscuit...
❏ lilas	❏ poire	❏ naphte...	❏ jus de viande...	

❏ autres : _____

EN BOUCHE

STRUCTURE	EQUILIBRE	❏ corsé	❏ creux	PUISSANCE AROMATIQUE
❏ fluet	❏ maigre	❏ velouté	❏ flasque	
❏ svelte	❏ agressif	❏ équilibré	❏ sec	❏ très faible
❏ corpulent	❏ dur	❏ souple	❏ mou	❏ faible
❏ massif	❏ âpre	❏ sucré	❏ vif	❏ moyenne
❏ énorme	❏ robuste	❏ acide		❏ forte
				❏ très forte

Le plaisir que j'ai éprouvé :

Ma note sur 20 :

FICHE DE DEGUSTATION

Nom du cru :
Appellation :
Millésime :   La date de dégustation :
Le vin est-il carafé ?   ❏ oui   ❏ non
Le moment :   ❏ déjeuner   ❏ dîner   ❏ hors repas
L'occasion :
La(les) personne(s) avec qui je déguste ce vin :

Le(s) plat(s) qui l'accompagne(nt) :

A L'ŒIL

COULEUR	❏ vermillon	❏ jaune pâle	INTENSITE	LIMPIDITE ET TRANSPARENCE
Rouge :	❏ noir	❏ jaune vert	❏ faible	
❏ violet	❏ tuilé	❏ jaune citron	❏ légère	❏ cristallin
❏ pourpre		❏ jaune paille	❏ soutenue	❏ brillant
❏ grenat	**Blanc :**	❏ or pâle	❏ foncée	❏ limpide
❏ rubis	❏ Incolore	❏ or soutenu	❏ profonde	❏ voilé
			❏ forte	❏ trouble

AU NEZ

EXPRESSION AROMATIQUE	❏ genêt	❏ agrumes	**Epicé :**	**Boisé :**
	❏ tilleul	❏ abricot	❏ poivre	❏ chêne
❏ faible	❏ violette	❏ coing	❏ thym	❏ bois neuf
❏ moyenne	❏ pivoine	❏ ananas	❏ laurier	❏ bois humide
❏ intense	❏ camomille	❏ banane	❏ garrigue	❏ balsa
	❏ bruyère...	❏ groseille	❏ vanille	❏ pin
FINESSE AROMATIQUE		❏ cerise	❏ cannelle	❏ cèdre...
		❏ fraise	❏ clou de girofle	
❏ ordinaire	**Végétal :**	❏ framboise	❏ réglisse	**Confiserie :**
❏ fin	❏ foin coupé	❏ cassis	❏ zan	❏ miel
❏ élégant	❏ herbe	❏ mûre	❏ goudron...	❏ praline
❏ raffiné	❏ fougère	❏ myrtille		❏ pâte d'amande
	❏ thé	❏ griotte	**Empyreumatique :**	❏ cake...
AROMES	❏ anis	❏ fruits secs	❏ cacao	
Floral :	❏ menthe	(noisette, noix, amande...)	❏ café	**Lacté :**
❏ acacia	❏ fenouil		❏ caramel	❏ lait
❏ aubépine	❏ humus	❏ pruneau, prune...	❏ tabac	❏ beurre frais
❏ œillet	❏ poivron		❏ pain d'épice...	❏ yaourt...
❏ chèvrefeuille	❏ champignon	**Minéral :**	**Animal :**	
❏ jacinthe	❏ truffe...	❏ pierre à fusil	❏ cuir	**Fermentaire :**
❏ jasmin		❏ craie	❏ fourrure	❏ levure
❏ iris	**Fruité :**	❏ iode	❏ gibier	❏ mie de pain
❏ fleur d'oranger	❏ pomme	❏ silex	❏ venaison	❏ brioche
❏ rose	❏ pêche	❏ naphte...	❏ jus de viande...	❏ biscuit...
❏ lilas	❏ poire			

❏ autres : _____

EN BOUCHE

STRUCTURE	EQUILIBRE	❏ corsé	❏ creux	PUISSANCE AROMATIQUE
❏ fluet	❏ maigre	❏ velouté	❏ flasque	❏ très faible
❏ svelte	❏ agressif	❏ équilibré	❏ sec	❏ faible
❏ corpulent	❏ dur	❏ souple	❏ mou	❏ moyenne
❏ massif	❏ âpre	❏ sucré	❏ vif	❏ forte
❏ énorme	❏ robuste	❏ acide		❏ très forte

Le plaisir que j'ai éprouvé :

Ma note sur 20 : ☐

88

FICHE DE DEGUSTATION

Nom du cru :
Appellation :
Millésime :   La date de dégustation :
Le vin est-il carafé ?   ❏ oui   ❏ non
Le moment :   ❏ déjeuner   ❏ dîner   ❏ hors repas
L'occasion :
La(les) personne(s) avec qui je déguste ce vin :

Le(s) plat(s) qui l'accompagne(nt) :

A L'ŒIL

COULEUR	❏ vermillon	❏ jaune pâle	INTENSITE	LIMPIDITE ET
Rouge :	❏ noir	❏ jaune vert	❏ faible	**TRANSPARENCE**
❏ violet	❏ tuilé	❏ jaune citron	❏ légère	❏ cristallin
❏ pourpre		❏ jaune paille	❏ soutenue	❏ brillant
❏ grenat	**Blanc :**	❏ or pâle	❏ foncée	❏ limpide
❏ rubis	❏ Incolore	❏ or soutenu	❏ profonde	❏ voilé
			❏ forte	❏ trouble

AU NEZ

EXPRESSION AROMATIQUE	❏ genêt	❏ agrumes	**Epicé :**	**Boisé :**
❏ faible	❏ tilleul	❏ abricot	❏ poivre	❏ chêne
❏ moyenne	❏ violette	❏ coing	❏ thym	❏ bois neuf
❏ intense	❏ pivoine	❏ ananas	❏ laurier	❏ bois humide
	❏ camomille	❏ banane	❏ garrigue	❏ balsa
FINESSE AROMATIQUE	❏ bruyère...	❏ groseille	❏ vanille	❏ pin
❏ ordinaire		❏ cerise	❏ cannelle	❏ cèdre...
❏ fin	**Végétal :**	❏ fraise	❏ clou de girofle	
❏ élégant	❏ foin coupé	❏ framboise	❏ réglisse	**Confiserie :**
❏ raffiné	❏ herbe	❏ cassis	❏ zan	❏ miel
	❏ fougère	❏ mûre	❏ goudron...	❏ praline
AROMES	❏ thé	❏ myrtille		❏ pâte d'amande
Floral :	❏ anis	❏ griotte	**Empyreumatique :**	❏ cake...
❏ acacia	❏ menthe	❏ fruits secs (noisette, noix, amande...)	❏ cacao	
❏ aubépine	❏ fenouil		❏ café	**Lacté :**
❏ œillet	❏ humus		❏ caramel	❏ lait
❏ chèvrefeuille	❏ poivron	❏ pruneau, prune...	❏ tabac	❏ beurre frais
❏ jacinthe	❏ champignon		❏ pain d'épice...	❏ yaourt...
❏ jasmin	❏ truffe...	**Minéral :**	**Animal :**	
❏ iris		❏ pierre à fusil	❏ cuir	**Fermentaire :**
❏ fleur d'oranger	**Fruité :**	❏ craie	❏ fourrure	❏ levure
❏ rose	❏ pomme	❏ iode	❏ gibier	❏ mie de pain
❏ lilas	❏ pêche	❏ silex	❏ venaison	❏ brioche
	❏ poire	❏ naphte...	❏ jus de viande...	❏ biscuit...

❏ autres : _____

EN BOUCHE

STRUCTURE	EQUILIBRE	❏ corsé	❏ creux	PUISSANCE AROMATIQUE
❏ fluet	❏ maigre	❏ velouté	❏ flasque	❏ très faible
❏ svelte	❏ agressif	❏ équilibré	❏ sec	❏ faible
❏ corpulent	❏ dur	❏ souple	❏ mou	❏ moyenne
❏ massif	❏ âpre	❏ sucré	❏ vif	❏ forte
❏ énorme	❏ robuste	❏ acide		❏ très forte

Le plaisir que j'ai éprouvé :

Ma note sur 20 :

FICHE DE DEGUSTATION

Nom du cru :
Appellation :
Millésime :　　　　　　　　La date de dégustation :
Le vin est-il carafé ?　❏ oui　　　　　❏ non
Le moment :　　　❏ déjeuner　　　❏ dîner　　　　❏ hors repas
L'occasion :
La(les) personne(s) avec qui je déguste ce vin :

Le(s) plat(s) qui l'accompagne(nt) :

A L'ŒIL

COULEUR **Rouge :** ❏ violet ❏ pourpre ❏ grenat ❏ rubis	❏ vermillon ❏ noir ❏ tuilé **Blanc :** ❏ Incolore	❏ jaune pâle ❏ jaune vert ❏ jaune citron ❏ jaune paille ❏ or pâle ❏ or soutenu	INTENSITE ❏ faible ❏ légère ❏ soutenue ❏ foncée ❏ profonde ❏ forte	LIMPIDITE ET TRANSPARENCE ❏ cristallin ❏ brillant ❏ limpide ❏ voilé ❏ trouble

AU NEZ

EXPRESSION AROMATIQUE ❏ faible ❏ moyenne ❏ intense FINESSE AROMATIQUE ❏ ordinaire ❏ fin ❏ élégant ❏ raffiné AROMES **Floral :** ❏ acacia ❏ aubépine ❏ œillet ❏ chèvrefeuille ❏ jacinthe ❏ jasmin ❏ iris ❏ fleur d'oranger ❏ rose ❏ lilas	❏ genêt ❏ tilleul ❏ violette ❏ pivoine ❏ camomille ❏ bruyère... **Végétal :** ❏ foin coupé ❏ herbe ❏ fougère ❏ thé ❏ anis ❏ menthe ❏ fenouil ❏ humus ❏ poivron ❏ champignon ❏ truffe... **Fruité :** ❏ pomme ❏ pêche ❏ poire	❏ agrumes ❏ abricot ❏ coing ❏ ananas ❏ banane ❏ groseille ❏ cerise ❏ fraise ❏ framboise ❏ cassis ❏ mûre ❏ myrtille ❏ griotte ❏ fruits secs (noisette, noix, amande...) ❏ pruneau, prune... **Minéral :** ❏ pierre à fusil ❏ craie ❏ iode ❏ silex ❏ naphte...	**Epicé :** ❏ poivre ❏ thym ❏ laurier ❏ garrigue ❏ vanille ❏ cannelle ❏ clou de girofle ❏ réglisse ❏ zan ❏ goudron... **Empyreumatique :** ❏ cacao ❏ café ❏ caramel ❏ tabac ❏ pain d'épice... **Animal :** ❏ cuir ❏ fourrure ❏ gibier ❏ venaison ❏ jus de viande...	**Boisé :** ❏ chêne ❏ bois neuf ❏ bois humide ❏ balsa ❏ pin ❏ cèdre... **Confiserie :** ❏ miel ❏ praline ❏ pâte d'amande ❏ cake... **Lacté :** ❏ lait ❏ beurre frais ❏ yaourt... **Fermentaire :** ❏ levure ❏ mie de pain ❏ brioche ❏ biscuit...

❏ autres : _____

EN BOUCHE

STRUCTURE ❏ fluet ❏ svelte ❏ corpulent ❏ massif ❏ énorme	EQUILIBRE ❏ maigre ❏ agressif ❏ dur ❏ âpre ❏ robuste	❏ corsé ❏ velouté ❏ équilibré ❏ souple ❏ sucré ❏ acide	❏ creux ❏ flasque ❏ sec ❏ mou ❏ vif	PUISSANCE AROMATIQUE ❏ très faible ❏ faible ❏ moyenne ❏ forte ❏ très forte

Le plaisir que j'ai éprouvé :

Ma note sur 20 :

GLOSSAIRE

Achat de raisin (l')
Les négociants et caves coopératives qui n'ont pas un approvisionnement suffisant dans une appellation peuvent acheter le raisin à un vigneron pour le vinifier.

Apogée (l')
C'est la période optimale durant laquelle le vin se présentera le mieux lorsqu'il sera dégusté. Elle se compte en années après la mise en bouteilles du cru. Mais comme le vin est un produit vivant et sensible à son environnement de conservation, cet apogée peut facilement évoluer. En général, il est donné pour une bouteille conservée dans une cave à température et hygrométrie constantes.

Carafer
En versant le vin dans une carafe, on l'aère en le mettant au contact d'un grand volume d'air afin de favoriser son oxygénation et de laisser ainsi ses arômes s'exprimer. Cette opération permet aussi de décanter le vin, soit le séparer de son dépôt, matière solide souvent présente au fond des bouteilles des crus anciens.

Collage (le)
C'est une technique de clarification du vin permettant de le débarrasser de certaines impuretés en suspension. La plus connue est le collage au blanc d'œuf, réalisé lorsque le vin est encore en fûts. Cette pratique est effectuée avant une filtration éventuelle et précède la mise en bouteilles.

Cuverie (la)
La cuverie est le bâtiment où se déroule le processus de vinification, depuis l'arrivée de la vendange jusqu'à la fin des fermentations. Ensuite, le vin est descendu en cave pour qu'il termine son élevage, et ce jusqu'à sa mise en bouteillles.

Débourrement (le)
Moment de l'année où les bourgeons éclosent et alors qu'apparaissent les premières feuilles. Il a lieu vers la fin mars ou le début du mois d'avril, selon les cépages et les vignobles.

Fermentation alcoolique (la)
Une fois que la vendange est mise en cuve, la fermentation alcoolique transforme les sucres en alcool sous l'action de levures. Pour certains vins et dans certaines régions, cette fermentation est suivie d'une seconde, la fermentation malolactique.

Fermentation malolactique (la)
Transformation de l'acide malique en acide lactique. Elle diminue l'acidité et assouplit le vin. Elle est bénéfique aux vins rouges et à certains blancs, qui sont ensuite élevés en fût de chêne. On l'évitera, en revanche, pour les blancs secs, qui recherchent fraîcheur et arômes.

GLOSSAIRE

Foudre (le)
Récipient en bois de grande contenance, le plus souvent en chêne.

Gobelet (en)
Forme de taille (basse) de la vigne évoquant un gobelet et comportant plusieurs bras dotés de deux ou trois coursons. Ce mode de conduite des ceps est traditionnel dans le Beaujolais (sur le gamay).

Macération (la)
Phase pendant laquelle le jus est en contact avec les parties solides du raisin. Plus elle est longue, plus les vins seront colorés (ou extraits pour les vins blancs issus de raisins blancs).

Macération carbonique (la)
Mode de macération utilisé notamment pour produire les vins rouges primeurs, qui consiste à mettre en cuve des grappes entières de raisin, sous une atmosphère de gaz carbonique. Les vins ainsi macérés se montrent aromatiques et souples, pauvres en tanins.

Macération semi-carbonique (la)
C'est une macération carbonique typique en Beaujolais, qui est essentiellement utilisée pour l'obtention des beaujolais et beaujolais-villages primeurs. La différence avec la vraie macération carbonique réside dans le fait qu'une fois la cuve remplie, on n'ajoute pas de gaz carbonique exogène, mais on laisse la cuve se saturer toute seule en gaz carbonique sous l'effet de la fermentation alcoolique. Comme le gaz carbonique est plus lourd que l'air, la cuve reste saturée en CO_2 même si elle n'est pas fermée hermétiquement.

Macération préfermentaire (la)
Macération du raisin avant fermentation, qui s'opère à basse température et favorise la libération des arômes.

Mâche (la)
Perception tactile que l'on perçoit en bouche lorsque le vin est riche en tanins et qu'il donne l'impression de posséder beaucoup de matière.

Minéralité (la)
La notion de minéralité du vin regroupe des sensations olfactives (arômes de pierre à fusil), gustatives (fraîcheur) et de texture (vin cristallin).

Ouillage (l')
Opération qui consiste pendant l'élevage du vin à remplir régulièrement les fûts (ou les foudres) pour maintenir pleins les récipients afin d'éviter au maximum le contact du vin avec l'air.

Pressurage (le)
Opération qui consiste à séparer le moût ou le vin des matières solides qui les imprègnent.

Pressurage direct (le)
Pressurage du raisin sans qu'il ait été auparavant foulé.

Primeur (vin)
Vin jeune, destiné à être consommé dans les mois suivant la récolte. Par exemple, le beaujolais primeur peut être bu à partir de la fin du mois de novembre. Ne pas confondre « vin primeur » avec les « ventes en primeur » qui se tiennent tous les ans dans le Bordelais et où quelque 3 000 professionnels du vin viennent déguster le vin nouveau encore en cours d'élaboration (cf. *Les Bordeaux prometteurs*, volume 7 de notre collection).

Soufre (le)
Le soufre cohabite avec le vin depuis le milieu du XIXe siècle où il est devenu un produit privilégié pour combattre l'oïdium, une maladie de la vigne. S'il a été partiellement remplacé depuis les années quatre-vingt, certains vignerons l'emploient encore, notamment en agriculture biologique, car c'est un produit d'origine naturelle. Le soufre, sous forme d'anhydride sulfureux (SO_2), est également utilisé au cours de la vinification car il prévient l'oxydation du vin et le développement de micro-organismes indésirables. Il sert notamment à stabiliser le vin une fois mis en bouteilles et permettre sa conservation. C'est la raison pour laquelle les vins dits « naturels » ou « sans soufre » sont généralement plus sensibles aux conditions de conservation ; pour les préserver, il est nécessaire de les entreposer dans un lieu frais et isotherme. Enfin, depuis le 25 octobre 2005, la mention « contient des sulfites » est obligatoire si la teneur par litre de vin est supérieure à 10 mg.

Tanins (les)
Les origines du mot remontent au vocable gaulois « tann », qui désigne le chêne. Le tanin est l'un des principaux composants du vin, matière provenant des pépins et de la peau des raisins. Il donne au vin son caractère et lui confère sa longévité. Il peut également provenir du fût de chêne dans lequel le vin a été élevé.

INDEX DES PROPRIETES

B

Bergeron (Domaine) 80
Bouland (Domaine Daniel) 28, 39, 58, 82
Burgaud (Domaine Jean-Marc) 36, 58, 82

C

Chaize (Château de la) 58, 80
Charmettant (Domaine) 80
Chasseley (Domaine J.G.) 78
Chénas (Cave du Château de) 80
Chèvre Bleue (Domaine de La) 78
Cheysson (Domaine Emile) 45, 58, 78, 82
Chignard (Domaine) 28, 39, 58, 82
Comte de Monspey (Domaine du) 78
Coquard (Maison) 36, 58, 78
Côtes Rémont (Domaine de) 80
Crêt des Garanches (Domaine du) 80

D

Descombes (Domaine Georges) 45, 57
Descombes (Domaine Jean-Ernest) 80
Després (Domaine Jean-Marc) 80
Desvignes (Domaine Louis-Claude) 28, 51, 57, 82
Dubost (Domaine Jean-Paul) 58, 82

E

Eclair (Château de L') 78

F

Fontalognier (Domaine de) 78, 80

G

Granit (Domaine du) 80

J

Jacques (Château des) 28, 40, 58, 80
Janin (Domaine Paul et Eric) 28, 40, 58, 82

L

Lapalu (Domaine Jean-Claude) 46, 58, 82
Lapierre (Domaine Hubert) 28, 43, 58, 78, 80, 82

M

Martray (Domaine Laurent) 28, 46, 58, 78, 82
Métrat et Fils (Domaine) 37
Mommessin 28, 35, 80, 82
Motte (Domaine de la) 80
Mouilles (Domaine des) 80

N

Nugues (Domaine des) 58, 78

P

Pardon et Fils (Domaine Louis) 80
Passot (Domaine) 80
Perroud (Domaine Robert) 49, 78
Pierres (Domaine des) 49, 57, 80
Piron (Domaine Dominique) 28, 53, 57, 82
Pivot (Domaine Jean-Charles) 58, 80
Producteurs du Cru Juliénas 80

R

Raousset (Château de) 78
Rottiers (Domaine Richard) 80

V

Vins Georges Dubœuf 28, 32
Vissoux (Domaine du) 28, 51, 58, 78, 82

S

Santé (Domaine Bernard) 58, 82
Savoye (Domaine) 78

T

Terres Dorées (Domaine des) 28, 43, 82
Thivin (Château) 28, 35, 58, 82
Trémont (Domaine de) 78

ADRESSES

Inter Beaujolais
L'Union interprofessionnelle des vins du Beaujolais a développé un site internet très didactique afin de comprendre les vins de la région.
210, boulevard Victor-Vermorel, 69400 Villefranche-sur-Saône
www.beaujolais.com

Maison du tourisme du Beaujolais
Cette structure propose de nombreuses brochures thématiques pour visiter le vignoble dans de bonnes conditions. Le site est également très pratique.
96, rue de la Sous-Préfecture, 69400 Villefranche-sur-Saône
www.pays-beaujolais.com

La Maison des beaujolais
Une excellente adresse pour découvrir et comprendre les vins de la région grâce à des dégustations commentées.
441, avenue de l'Europe, RN 6, 69220 Saint-Jean-d'Ardières – Tél. : 04 74 66 16 46
www.lamaisondesbeaujolais.com

CREDITS

GROUPE FIGARO

DIRECTEUR GENERAL,
DIRECTEUR DE LA PUBLICATION
Francis Morel

DIRECTION DU PROJET
Lionel Rabiet

COORDINATION
Emilie Bagault

FABRICATION
Christian Demeyer
Marion de Chalonge

EDITE PAR
La Société du Figaro
14, bd Haussmann, 75009 Paris
Tél. : 01 57 08 50 00
www.lefigaro.fr

DEPOT LEGAL : novembre 2008

ISBN COLLECTION : 978-2-8105-0054-3

ISBN VOLUME N° 10 : 978-2-8105-0064-2

ACHEVE D'IMPRIMER
2ᵉ semestre 2008

IMPRIME PAR
Mondadori Printing à Vérone (Italie)

LA REVUE DU vin DE FRANCE — GROUPE marie claire

DIRECTION D'EDITION
Thierry Lamarre

CONSEILLER EDITORIAL
Denis Saverot

CONSEILS ET EXPERTISE TECHNIQUE
Raoul Salama

CONCEPTION ET REALISATION EDITORIALE
Jérôme Baudouin

SELECTION VINS ET ACCORDS METS-VINS
Olivier Poels

DEGUSTATION DES VINS ET COMMENTAIRES
Bernard Burtschy, Antoine Gerbelle, Philippe Maurange, Roberto Petronio, Olivier Poels, Olivier Poussier

COTE DES VINS
Angélique de Lencquesaing (iDealwine.com)

DIRECTION ARTISTIQUE
Constance Gournay

ICONOGRAPHIE
Isabelle Teboul, Catherine Guillard

SECRETARIAT DE REDACTION
Georges Boudier, Olivier Farfal

PLANNING/COPYRIGHT
Adeline Lobut

CARTE ET INFOGRAPHIE
Jean-François Dutilh/Geographisme (p. 16, 17, 21)

PHOTOGRAPHIES
Jérôme Baudouin (p. 22, 61)
SCOPE : A. Guerrier (p. 11d) ; **B. Aubrier** (p. 11c) ; **Daniel Czap** (p. 11b) ; **Jacques Guillard** (p. 9, 13b, 13d, 21a, 27b, 34, 44b, 62) ; **Jean-Luc Barde** (p. 4, 7, 11a, 13a, 13c, 16, 19, 21b, 23b, 25a, 25b, 27a, 28, 29, 33, 37, 38, 41a, 44a, 47, 48b, 50, 52, 53, 54, 65, 74, 77, 79, 81, 83) ; **Marc Combier** (p. 23a, 42, 57, 59)
SIC : Fabrice Leseigneur (p. 64)
VINALYS : Amarante Puget (p. 41b, 48a)

RECETTES
© **Madame Figaro**
P. 66 : recette du restaurant Celeiro à Rio de Janeiro ; photographie **Beatriz Da Costa**
P. 68 : recette de **Philippe Lafargue** ; photographie **Jacques Caillaut** ; réalisation **Martine Albertin**
P. 70 : photographie **Ryman/Cabannes** ; réalisation **Martine Albertin**
P. 72 : photographie **Bernhard Winkelmann** ; réalisation **Michèle Carles**

© 2008, Editions Marie Claire -
Société d'Information et de Créations - SIC